AF494733

MINISTÈRE DE LA GUERRE

DIRECTION DU CONTROLE

COMMISSION CENTRALE DES RÉQUISITIONS

JURISPRUDENCE

RELATIVE A

L'APPLICATION DE LA LOI DU 3 JUILLET 1877

Fixation de l'indemnité. — Valeur représentative (article 2).
Réquisitions d'automobiles.
Réquisitions de chevaux. — Point de départ des intérêts.

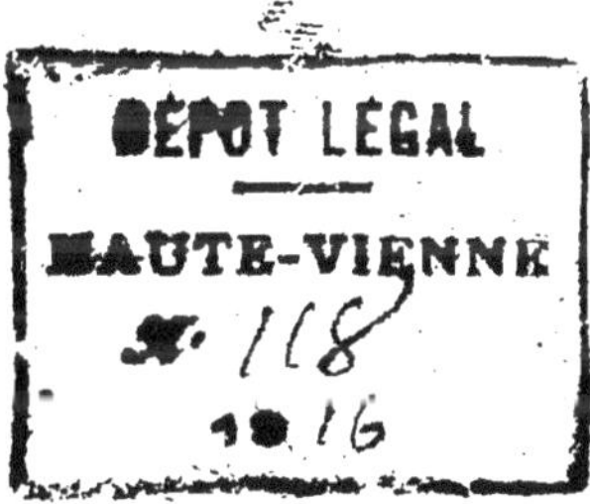

PARIS
Henri CHARLES-LAVAUZELLE
Éditeur militaire
124, Boulevard Saint-Germain, 124

MÊME MAISON A LIMOGES

1916

TABLE DES MATIÈRES

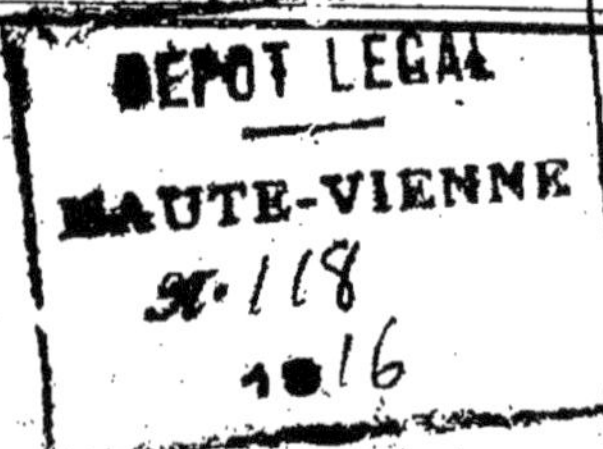

A.

INTERPRÉTATION DE L'ARTICLE 2 DE LA LOI DU 3 JUILLET 1877.

COUR D'APPEL DE RENNES.

Audience du 6 juillet 1915.

Affaire : Ministre de la guerre contre Beaufils.

Réquisitions militaires (loi du 3 juillet 1877, art. 2). — Détermination de l'indemnité. — Valeur représentative de la prestation. — Prix de revient. — Exclusion du bénéfice commercial.

Considérant qu'il ressort des documents et renseignements produits aux débats que les sons expédiés de Marseille à Beaufils contre remboursement avaient, suivant les énonciations de la lettre de voiture, une valeur de 1.919 francs;

Que, pour en obtenir la délivrance, il fallait ajouter à cette somme celle de 380 fr. 80, montant des frais, ce qui fait ressortir le quintal à 11 fr. 50;

Considérant que cette expédition ayant été réquisitionnée à son arrivée en gare par le maire de Rennes pour le compte de l'Intendance, l'Administration de la guerre était tenue de verser à Beaufils, aux termes de l'article 2 de la loi du 3 juillet 1877, une indemnité représentative de la valeur;

Considérant qu'il n'y a pas lieu, pour la fixer, de faire entrer en ligne de compte les avantages ou les pertes que pourrait comporter l'avenir dans les éventualités d'une spéculation; qu'il apparaît comme juste de considérer le paiement du débours fait par Beaufils, qui, par suite de la réquisition immédiate, n'est pas réellement entré en possession de la marchandise, comme constituant la représentation de sa valeur;

Considérant qu'en majorant son offre de 0 fr. 50 par sac pour les frais généraux, l'Administration de la guerre a fait une juste appréciation de ce à quoi elle pouvait être tenue vis-à-vis de Beaufils,

Par ces motifs :

La Cour, ouï, etc... ;

Réformant et faisant ce que les premiers juges auraient dû faire, dit satisfactoire l'offre de 12 francs du quintal faite par l'administration de la guerre, et 2.400 francs pour les 200 quintaux réquisitionnés. Déboute Beaufils de toutes ses demandes, fins et conclusions.

COUR D'APPEL D'AIX (1).

Audience du 28 décembre 1915.

PRÉSIDENCE DE M. LE PREMIER PRÉSIDENT VICTOR FABRE.

Affaire : Ministère de la guerre contre Jullien.

Réquisitions militaires. (loi du 3 juillet 1877, art. 2). — Détermination de l'indemnité. — Prix de revient. — Exclusion du bénéfice commercial.

Après avoir ouï, à l'audience publique du lundi 20 décembre 1915, les conclusions des avoués des parties : Mᵉ Planello, avocat du barreau de Marseille et celui de l'appelant assisté de Mᵉ Jourdan son avoué ; M. le sous-intendant militaire de 1ʳᵉ classe Joleaud, avocat de l'intimé, assisté de Mᵉ David, son avoué ;

Ouï également les conclusions de M. Vulliez, avocat général, pour le procureur général ; et après en avoir délibéré conformément à la loi :

Adoptant les motifs qui ont déterminé les premiers juges ;

La Cour confirme le jugement dont est appel ; dit qu'il sortira son plein et entier effet ;

Condamne les appelants, à l'amende et aux dépens.

---

(1) Voir le jugement du tribunal civil de Marseille du 7 juillet 1915, page 11.

COUR D'APPEL DE CAEN.

Audience du 16 février 1916.

Affaire : Ministre de la guerre contre Michaut.

Réquisitions militaires (loi du 3 juillet 1877, art. 2). — Déter-
mination de l'indemnité. — Valeur représentative de la pres-
tation. — Prix de revient. — Exclusion du bénéfice commer-
cial.

Attendu que les appels formés par le Ministre de la guerre
et par Michaut, contre le jugement du tribunal de première instance de Bayeux en date du 2 juillet 1915, sont connexes ;

Attendu que le 2 août 1914, Michaut, hôtelier à Bayeux, a été
chargé d'exécuter un ordre de réquisition adressé par l'autorité
militaire à la commune de Bayeux pour fournir la nourriture à
des soldats préposés à la garde des voies de communication;

Attendu qu'il leur a livré 1.428 repas, pour le prix desquels
une somme de 1.071 francs lui a été offerte par l'administration
militaire, à raison de 0 fr. 75 par repas;

Attendu qu'il a réclamé une somme de 1.700 francs, à raison
de 1 fr. 25 par repas, et que, dans l'instance qu'il a introduite
à ce sujet contre le Ministre de la guerre, il a appelé en garantie
la commune de Bayeux pour le montant de la différence entre
l'offre et la demande;

Attendu que par le jugement dont est appel, le tribunal civil
de Bayeux a mis hors de cause cette commune, dont le maire
n'avait contracté aucune obligation envers Michaut, et s'était
borné à servir d'intermédiaire entre ce dernier et l'autorité militaire, conformément aux règles tracées par les articles 19 et
20 de la loi du 3 juillet 1877;

Attendu que ce jugement a condamné le Ministre de la guerre
au paiement de la somme demandée, en se basant sur une convention qui serait intervenue entre l'hôtelier d'une part et un
sergent chef de poste et un sous-lieutenant chef de secteur d'autre part, et qui aurait fixé à 1 fr. 25 le prix des repas dont il
s'agit;

Attendu que Michaut n'apporte pas la preuve de cette convention qui, du reste, serait dépourvue de toute valeur légale à
l'égard du Ministre de la guerre;

Attendu, en effet, que les militaires qui auraient pris cet enga-gement, n'avaient pas qualité pour lier l'Administration par ce contrat, et qu'aux termes de l'article 25 de la loi du 3 juillet 1877 et de l'article 50 du décret du 2 août 1877 portant règlement pour l'exécution de cette loi, le prix demandé ne pouvait être accepté que par le fonctionnaire de l'Intendance qui devait préa-lablement recevoir l'avis d'une commission instituée dans cha-que département pour l'évaluation des indemnités;

Attendu que ces règles, édictées dans l'intérêt des finances pu-bliques dont la sauvegarde présente pour la défense nationale une importance particulière, sont d'ordre public et que Michaut n'a pas ignoré que les prestations dont il réclame le prix étaient faites par lui, non pas par suite d'une convention dont il pou-vait discuter librement les clauses, mais en vertu d'un ordre qu'il était tenu d'exécuter et qui l'exposait, en cas de résistance, à une sanction pénale;

Attendu qu'il s'est si bien rendu compte de cette situation, qu'il a suivi, pour le règlement de l'indemnité, la procédure éta-blie en cette matière par la loi mentionnée ci-dessus, et que, lors de la tentative de conciliation devant le juge de paix, il a fait proposer par son mandataire de réduire, à titre de transaction, ses prétentions à la somme de 1 franc par repas.

Attendu qu'il n'aurait pas eu cette attitude s'il avait cru à l'existence d'une convention fixant ce prix à un chiffre plus élevé;

Attendu qu'il n'y a donc pas lieu de tenir compte de ce pré-tendu contrat pour déterminer l'indemnité à laquelle il a droit aux termes de l'article 2 de la loi du 3 juillet 1877;

Attendu qu'il résulte de l'esprit et du texte même de cette loi qu'elle a pour but d'éviter une perte, et non pas de procurer un bénéfice à ceux qui exécutent des réquisitions dans l'intérêt de la défense nationale;

Attendu que l'indemnité qui est due à Michaut par l'Adminis-tration militaire ne représente donc pas le prix qu'il aurait pu obtenir de ses clients habituels pour de semblables fournitures, mais comprend seulement le remboursement des dépenses qu'il a faites pour ces prestations, en tenant compte de l'achat des denrées, du transport des vivres et des frais généraux de maté-riel et personnel;

Attendu que le calcul de ces éléments d'après le temps et le lieu des prestations permet d'évaluer chaque repas à 1 franc et le montant de l'indemnité à la somme de 1.428 francs, qui devra être augmentée des intérêts légaux;

Attendu que les offres du Ministre de la guerre étaient insuffisantes, mais que son appel a été rendu nécessaire par l'exagération de la demande de Michaut et par la prétention de ce dernier au sujet d'une convention dont le principe ne pouvait pas être admis, et que chacune de ces deux parties succombe sur certains points dans l'instance d'appel;

Attendu que, par application de l'article 1er de la loi du 11 avril 1898, les premiers juges ont statué en dernier ressort à l'égard de la commune de Bayeux;.

Attendu, en effet, que la somme qui lui était réclamée ne s'élevait qu'à 714 francs, et que la demande principale et la demande en garantie qui avaient l'une et l'autre pour objet le paiement d'une somme d'argent n'étaient nullement indivisibles;

Attendu, il est vrai, que Michaut soutenait dans ses conclusions que le jugement à intervenir devait être déclaré commun à la ville de Bayeux et à l'autorité militaire, parce que cette commune lui avait confié l'exécution de la réquisition prise contre elle;

Mais attendu qu'il n'avait pas invoqué ce motif pour demander contre le défendeur principal et le garant une condamnation conjointe et solidaire en paiement de l'indemnité totale, et qu'il essayait seulement de justifier ainsi à l'égard de la commune de Bayeux sa demande relative à la somme indiquée ci-dessus, dans le cas où les offres du Ministre de la guerre seraient déclarées valables,

Par ces motifs :

La Cour, parties ouïes; M. l'avocat général entendu; après en avoir délibéré conformément à la loi;

Joint les appels, et statuant par un seul et même arrêt,

Rejette comme n'étant pas recevables les appels formés par le Ministre de la guerre et par Michaut contre la commune de Bayeux;

Condamne ces deux appelants aux dépens envers cette commune;

Ordonne la confiscation de l'amende consignée par Michaut sur cet appel;

Réforme le jugement dont est appel au chef par lequel il fixe, d'après un prétendu contrat, à la somme de 1.785 francs l'indemnité due à Michaut par l'Administration de la guerre;

Déclare insuffisantes les offres de cette Administration;

Dit que la valeur de chaque repas fourni par Michaut, en

exécution de la réquisition dont il s'agit, s'élève à la somme de 1 franc;

Condamne en conséquence le Ministre de la guerre à payer à Michaut la somme de 1.428 francs, avec les intérêts de droit à partir du jour de la demande;

Ordonne, au profit du Ministre de la guerre, la restitution de l'amende;

Condamne le Ministre de la guerre aux dépens;

Dit qu'il sera fait masse des dépens de l'instance d'appel et qu'ils seront supportés par moitié par le Ministre de la guerre et par Michaut.

TRIBUNAL CIVIL DE NANTES.

Audience du 1er juin 1915.

Affaire : Ministre de la guerre contre société « Continental ».

Réquisitions militaires (loi du 3 juillet 1877, art. 2). — Détermination de l'indemnité. — Valeur représentative de la prestation. — Prix de revient. — Exclusion du bénéfice commercial.

Attendu que M. Fontaine, séquestre de la succursale, à Nantes, de la société allemande « Continental », demande à l'Intendance militaire paiement de la somme de 89.480 fr. 82 pour prix des marchandises réquisitionnées par elle; que de son côté l'Intendance militaire prétend que ce chiffre est exagéré, et fait l'offre de paiement d'une somme de 76.058 fr. 70.

Attendu que le tribunal n'a pas de renseignements suffisants pour apprécier, en présence de la différence importante existant entre la réclamation et l'offre, la somme pouvant être réellement due à la société; qu'une expertise est nécessaire pour la déterminer;

Attendu qu'aux termes de l'article 2 de la loi du 3 juillet 1877, l'indemnité due pour les objets réquisitionnés doit représenter leur valeur intrinsèque sans bénéfice pour leur possesseur; que l'expert devra s'inspirer de ce principe administratif,

Par ces motifs :

Statuant en matière sommaire (art. 26 de la loi précitée),

Avant faire droit, nomme M. Bachelot-Villeneuve, avocat, ex-

pert unique dispensé du serment du consentement des parties, lequel examinera les factures des marchandises réquisitionnées,
dira quel peut être leur prix de revient à la date de la réquisition,
tant en raison de la valeur du caoutchouc à cette date, des frais
généraux et de transport à Nantes que de la main-d'œuvre; à cet
effet, prendra par écrit tous renseignements nécessaires auprès
des fabricants ou marchands de pneus et de bandes pleines;
évaluera la somme pouvant être due par l'Intendance militaire;
entendra les parties, les conciliera si faire se peut et, à défaut de
conciliation, déposera un rapport au greffe pour être par le tribunal statué ce que de droit.

TRIBUNAL CIVIL DE MARSEILLE.

Audience du 7 juillet 1915.

Affaire : Ministre de la guerre contre Jullien.

---

*Réquisitions militaires (loi du 3 juillet 1877, art. 2). — Détermi-
nation de l'indemnité. — Valeur représentative de la prestation. — Prix de revient. — Exclusion du bénéfice commercial.*

Attendu que le 30 décembre 1914 l'autorité militaire a réquisitionné conformément à la loi 23 caisses d'indigo Madras appartenant aux sieurs Th. et Ed. Jullien, négociants à Marseille;

Que la commission d'évaluation a estimé que le prix de cette
marchandise devait être fixé à 2 fr. 15 à 2 fr. 75 le kilogramme;
que l'autorité militaire a offert ce prix aux sieurs Jullien qui, le
trouvant de beaucoup inférieur à leurs prétentions, ont appelé
M. le Ministre de la guerre en conciliation devant M. le juge de
paix du 2ᵉ canton de Marseille;

Que les parties en cause n'ayant pu se mettre d'accord, les
sieurs Jullien ont ajourné devant le tribunal de céans M. le Ministre de la guerre en paiement de la somme de 23.607 fr. 10
pour 2.186 kgr. 100 (à raison de 11 francs le kilogramme) d'indigo Madras, feuilles sèches, réquisitionnés à leur préjudice;

Attendu que pour arriver à établir le plus juste prix du kilogramme de la marchandise dont il s'agit, il importe de s'en tenir
aux procédés d'examen les plus sûrs;

Qu'il résulte du certificat du syndicat de la droguerie et des commerces annexes à Marseille, en date du 1er mai 1915, que les marchandises dont il s'agit se vendaient, à Marseille, sur estimation, d'après prélèvement fait par un courtier spécialiste, un sieur Gresch, sujet allemand, qui a quitté la France après la déclaration de guerre; que ledit courtier décidait et prononçait souverainement d'après un simple examen superficiel;

Que l'on comprendra aisément que, s'il convenait aux commerçants intéressés d'accepter ce courtier et ses procédés, leur manière de voir ne saurait s'imposer au tribunal; qu'il convient donc d'écarter des débats cet élément d'appréciation comme aussi les attestations qui s'y rattacheraient plus ou moins directement;

Attendu que l'indigo servant à la teinture, sa valeur dépendra avant tout de sa puissance tinctoriale; que celle-ci, qu'il s'agisse d'un indigo naturel ou artificiel, sera proportionnelle à sa teneur en indigotine; qu'il était donc tout indiqué de faire faire l'analyse des marchandises réquisitionnées, que c'était là suivre la voie la plus scientifique et par conséquent la plus sûre; que c'est ainsi qu'a procédé l'autorité; que c'est sur les données de plusieurs analyses qu'elle a fixé, de concert avec la commission d'évaluation, les prix qui ont été offerts aux sieurs Jullien;

Que ces analyses ont démontré que ces échantillons étaient peu riches en indigo pur, surchargés de matières minérales; qu'ils étaient donc nettement de qualité très inférieure; qu'il convient d'ajouter que les conclusions des experts sont confirmées par ce fait que tous les lots appartenant aux sieurs Jullien étaient à l'entrepôt depuis une date antérieure au 1er janvier, c'est-à-dire depuis plus de deux ans; que cela démontre que le placement des marchandises n'était pas facile, et que cela tenait vraisemblablement à leur peu de valeur, en conséquence de la quantité de matières terrestres qu'elles contenaient;

Qu'on objecterait vainement que les analyses dont il s'agit n'ont pas été opérées avec toutes les précautions habituelles en pareille matière; que les experts choisis inspirent par leur qualité toute confiance au tribunal; qu'au surplus, il dépendait des intéressés de demander à l'autorité militaire, au moment des réquisitions, de faire prélever contradictoirement des échantillons pour servir plus tard à des expertises également contradictoires, et ce en vue de difficultés, de contestations que l'on pouvait prévoir;

Qu'ils ne doivent s'en prendre qu'à eux-mêmes si ces mesures protectrices de leurs droits n'ont pas été prises en temps voulu;

Attendu qu'il importe d'ajouter aux motifs précédents une double considération; d'une part que la commission d'évaluation est composée de personnes indépendantes de l'autorité militaire, désintéressées dans la question et d'une compétence incontestable en matière commerciale ou industrielle; d'autre part, qu'en matière de réquisition, celui au préjudice de qui elle est opérée n'a droit qu'à une indemnité. Qu'en aucun cas, il ne peut exiger le bénéfice qu'il aurait pu réaliser par le fait d'une hausse importante résultant des événements présents,

Par ces motifs :

Déclare satisfactoires les offres faites aux sieurs Jullien par l'autorité militaire, telles que la commission d'évaluation les a approuvées; en conséquence, déboute lesdits sieurs Jullien de leurs conclusions, et les condamne aux dépens.

NOTA. — Ce jugement a été confirmé par arrêt de la Cour d'Aix du 28 décembre 1915 (voir page 6).

TRIBUNAL CIVIL DE MAMERS.

Audience du 12 juillet 1915.

Affaire : Ministre de la guerre contre Tranquille-Bergeot.

Réquisitions militaires (loi du 3 juillet 1877, art. 2). — Détermination de l'indemnité. — Valeur représentative de la prestation. — Prix de revient. — Exclusion du bénéfice commercial.

Attendu que l'appel formé par le Ministre de la guerre au nom de l'Etat est recevable en la forme;

Attendu que, sur réquisition du 28 janvier 1915, Tranquille-Bergeot a livré le 1er février suivant, 10 quintaux de blé à l'Administration de l'armée;

Qu'il a refusé pour cette fourniture l'offre d'une somme de 284 francs, basée sur le tarif ministériel;

Qu'il a demandé 30 francs par quintal de blé, en se fondant sur le cours du commerce;

Attendu que par jugement du 8 mars 1915, M. le juge de paix de La Ferté-Bernard, après une tentative de conciliation, a condamné l'Etat à payer cette fourniture de blé à raison de 30 francs le quintal, soit la somme de 314 francs, composée de 300 francs pour 10 quintaux de blé et 14 francs pour 10 sacs à 1 fr. 40 l'un, avec intérêts du jour de la demande;

Que c'est de cette décision qu'il a été relevé appel par le Ministre de la guerre;

Attendu que M. le juge de paix a basé à tort son jugement sur les cours du blé dans la région au moment de la livraison, lesquels étaient, dit-il, de 30 à 32 francs le quintal;

Que cette thèse, si elle était admise, reviendrait à soutenir que l'on doit se baser, en matière de réquisitions militaires, sur les cours du commerce obtenus par le jeu de l'offre et de la demande, et comportant pour les vendeurs un certain bénéfice;

Que cette prétention est erronée, sans base légale, et doit être rejetée;

Attendu, en effet, que pour les réquisitions militaires la loi du 3 juillet 1877 dispose, dans son article 2, que toutes les prestations donnent droit à des indemnités représentatives de leur valeur, sauf dans les cas spécialement déterminés par l'article 15 de la présente loi; que cette expression « valeur » ne peut logiquement s'entendre que du prix de revient de la prestation;

Que c'est de la sorte qu'elle doit de toute évidence être interprétée dans le calcul et la fixation des tarifs prévus à l'article 24 de la loi du 3 juillet 1877 et aux articles 44 et suivants du décret du 2 août 1877;

Attendu que si le mot « valeur » devait correspondre au cours commercial, on ne concevrait pas la raison d'être d'une législation particulière en ce qui concerne les réquisitions; que la loi économique de l'offre et de la demande eût alors largement suffi;

Que c'est au contraire en s'inspirant de ce principe équitable d'après lequel le fournisseur réquisitionné ne doit ni gagner ni perdre, que le Ministre de la guerre a prescrit le remboursement du prix coûtant avec une majoration à titre de frais généraux, même si ce prix coûtant, dûment approuvé, excède le tarif;

Attendu que le législateur de 1877 a d'ailleurs lui-même indiqué le sens de l'expression « valeur », qui doit s'entendre du seul prix de revient puisque, en réglant, à l'article 15 de cette loi, le logement des troupes, il a décidé que le logement donnera droit à l'indemnité conformément à l'article 2; que, s'inspirant de ce principe, il a prévu, dans l'article 18, qu'un règlement d'administration publique fixerait ces indemnités;

Attendu que le décret du 2 août 1877 a rappelé ces articles et fixé les indemnités à un taux uniforme;

Que cette indemnité, qui ne tient aucun compte des conditions très variables, du logement, est basée sur cette considération que le prix de revient des fournitures nécessaires au couchage d'un homme est toujours le même;

Que c'est donc bien là l'interprétation des termes « indemnité représentative de la valeur », et qu'il doit être fait état, en matière de réquisitions militaires, à part l'exception inscrite dans la loi, non du cours commercial, mais du prix de revient de la denrée fournie suivant le tarif ministériel sus-énoncé de 27 francs par quintal de blé;

Attendu, ces principes admis, que l'on se rend compte aisément que le tarif de 27 francs par quintal est dans l'espèce très suffisant et largement rémunérateur du coût de production;

Qu'il ressort, en effet, des statistiques produites aux débats que, pour une période de quinze années, on trouve que le prix moyen du quintal de blé en France pour le mois de janvier, époque de la réquisition, a varié de 18 fr. 05 en 1900 à 22 fr. 65 en 1907, et de 24 à 26 francs en 1914;

Que sur la place du Mans, le prix moyen du quintal de blé, qui était de 23 fr. 90 en 1907, s'est tenu aux environs de 26 francs en 1912, 1913, 1914;

Que ces prix moyens fixés sur les marchés comportent nécessairement un bénéfice pour les récoltants vendeurs; que, par suite, le prix de revient du quintal de blé est donc inférieur à ces moyennes et, par voie de conséquence, au tarif ministériel de 27 francs;

Attendu que de ce qui précède, il résulte que l'appel a été porté à bon droit; que l'offre de 284 francs est suffisante et satisfactoire, et que le jugement entrepris du 8 mars 1915 doit être réformé;

Par ces motifs :

Reçoit le Ministre de la guerre, agissant au nom de l'Etat, appelant du jugement susénoncé rendu par M. le juge de paix de La Ferté-Bernard le 8 mars 1915;

Dit qu'il a été mal jugé, bien et avec griefs appelé;

Met ledit jugement à néant, et décharge l'Etat des condamnations prononcées par ce jugement;

Emendant et statuant à nouveau,

Adjuge à l'appelant les conclusions prises dans l'intérêt de l'Etat devant le premier juge et ainsi :

Donne acte à l'appelant de l'offre de la somme de 284 francs pour les causes susénoncées;

Déclare cette offre suffisante et dit que, moyennant le paiement de cette somme par voie de mandats ou de bons du Trésor, délivrés conformément à l'article 27 de la loi du 3 juillet 1877, l'Etat sera bien et définitivement quitte et libéré des causes de la demande du sieur Tranquille-Bergeot;

Et sous le bénéfice de cette offre, déclare l'intimé non recevable, en tout cas mal fondé dans sa demande, l'en déboute;

Et condamne, vu l'article 130 du Code de procédure civile, l'intimé aux dépens tant de première instance que d'appel.

TRIBUNAL CIVIL DE LA ROCHE-SUR-YON.

Audience du 29 juillet 1915.

Affaire : Ministre de la guerre contre Lepeigné.

Réquisitions militaires (loi du 3 juillet 1877, art. 2). — Détermination de l'indemnité. — Valeur représentative de la prestation. — Prix de revient. — Exclusion du bénéfice commercial.

Attendu qu'en vertu de réquisitions militaires régulières, la dame Lepeigné réclame à l'Etat la somme de 3.469 fr. 25, montant de ce qu'elle prétend lui être dû pour fournitures, entre le 9 août et le 4 novembre 1914, à l'Administration militaire, de bicyclettes et de leurs accessoires destinés à l'armée;

Attendu que la commission d'évaluation des réquisitions, conformément à la loi du 3 juillet 1877, n'offre à la demanderesse que 2.807 fr. 33;

Attendu qu'en s'inspirant des principes directeurs de ladite loi, il convient de rembourser la dame Lepeigné de toutes ses dépenses réelles en les majorant de 10 p. 100 représentant les frais généraux;

Attendu que les renseignements fournis en chambre du conseil par la dame Lepeigné et contrôlés par les factures, ont permis d'établir les chiffres d'achat nets suivants :

1o BICYCLETTES ET ACCESSOIRES.

Réquisition du 16 août.   fr.   c.

1 de Dion, prix d'achat net.	— 145	»
1 de Dion, —	190	»
2 Griffon, —	290	»
3 Barré, —	375	»

Réquisition du 5 octobre.

1 Peugeot, prix d'achat net.....................	180	»
1 de Dion, —	145	»
1 Barré, —	125	»

Réquisition du 3 novembre.

4 Barré, prix d'achat net.....................	500	»
Prix d'achat net...	1.950 »	1.950 »

auxquels il faut ajouter le prix d'achat net des accessoires, soit pour chaque machine :

1 frein roue arrière	6.50
1 roue libre.....................	6.25
2 garde-boue émail noir	5.60
1 porte-lanterne.....................	1 »
1 lanterne.....................	6 »
2 arrache-clous.....................	0.80
1 appareil sonore (l'un dans l'autre)	2 »
1 grande pompe	2 50
1 sacoche, une burette, une clef à molette.....................	5 »
soit en tout par bicyclette......	35.65
et en multipliant par 14	501.20
	2.451.20

auxquels il convient d'ajouter :

1o 10 pour 100 représentant des frais généraux, soit :   245.10

2o 5 francs par machine pour les frais de port de la bicyclette et accessoires, et 5 francs par machine pour les frais de montage à l'arrivée, soit : ....   140 »

Ensemble............	385.10	385.10
Total pour les bicyclettes et accessoires.....		2.836.30

2o ENVELOPPES ET CHAMBRES A AIR.

(8 *septembre.*)

1 chambre à air pour voiture 815/105.....................	26.25

(4 *novembre.*)

1 enveloppe plate 765/105 Michelin.....................	83	»
1 — semelle 760/90 Michelin.....................	85	»
3 chambres à air 765/105 Michelin à 24.50	73.50	
1 — 760/80 — 17.50	17.50	
soit :............	285.25	

auxquels il convient d'ajouter le 10 pour 100, soit : 28.52

plus 2 francs de port par enveloppe : 4 francs, et 0.75 par chambre à air : 3 fr. 75, soit : 7.75

Total pour enveloppes et chambres à air......	321.52	321.52

En ajoutant ce chiffre au prix de 2 836 fr. 30, dégagé pour les bicyclettes et accessoires, on trouve............   3.157.82

représentant la somme due par l'Administration de la guerre à la dame Lepeigné.

Jurisprudence.   1.

Attendu que cette Administration n'a fait que des offres de 2.807 fr. 33, qui ne sont ni suffisantes, ni libératoires,

Par ces motifs :

Le Tribunal, jugeant en matière civile et en premier ressort, fixe à 3.157 fr. 82 le montant des sommes dues par l'Administration de la guerre à la dame Lepeigné en paiement des bicyclettes, accessoires, enveloppes et chambres à air qui lui ont été réquisitionnés;

Condamne ladite Administration à payer à la dame Lepeigné le montant desdites sommes, et, ses offres n'étant ni suffisantes ni libératoires, la condamne aux dépens.

TRIBUNAL DE MIRECOURT.

Audience du 26 août 1915.

Affaire : Ministre de la guerre contre Minoux.

Réquisitions militaires (loi du 3 juillet 1877, art. 2). — Détermination de l'indemnité. — Valeur représentative de la prestation. — Prix de revient. — Exclusion du bénéfice commercial.

Considérant qu'à la suite de réquisitions qui lui ont été adressées par l'autorité militaire, Emile Minoux a fourni, depuis le début de la guerre et à plusieurs reprises :

18.202 kgr. 250 d'avoine;
3.062 kilogrammes de paille,
7.287 kilogrammes de foin;
106 toiles vides;
300 kilogrammes de farine;
100 kilogrammes de son;

Qu'en raison de ces prestations et suivant état régulier il réclame une somme globale de 5.484 fr. 70 fixée d'après les bases suivantes :

24 francs les 100 kilogrammes d'avoine;
7 francs les 100 kilogrammes de paille;
9 francs les 100 kilogrammes de foin;
1 franc la toile vide;
14 francs les 100 kilogrammes de son;

Qu'il conclut en outre à ce qu'il soit décidé que les sommes qui lui seront allouées devront porter intérêts au taux de 5 p. 100 du jour de chaque prestation requise;

Que, sans discuter les quantités requises, l'Administration militaire offre de son côté au demandeur la somme de 4.902 fr. 85 basée sur les prix suivants :

21 fr. 50 les 100 kilogrammes d'avoine;

5 francs les 100 kilogrammes de paille;

8 francs les 100 kilogrammes de foin;

1 franc la toile vide;

40 francs les 100 kilogrammes de farine;

12 francs les 100 kilogrammes de son;

Qu'elle déclare que l'indemnité par elle offerte est la représentation exacte de la valeur des objets et marchandises, et demande qu'il lui soit donné acte de son offre;

Qu'elle ajoute que ladite offre est basée sur des chiffres donnés par le Ministre de la guerre, après prise de connaissance des avis de commissions d'évaluation, et qu'elle ne saurait les dépasser;

Que le tribunal a donc à rechercher quel est le bien fondé des prétentions des parties, sur chaque point du litige;

Sur la fourniture d'avoine :

Considérant que Minoux n'est pas agriculteur, ne fait pas le commerce d'avoine et n'en achète que pour la consommation des chevaux composant les attelages des voitures attachées à l'exploitation de sa minoterie;

Que la réclamation qui doit lui être accordée en ce qui concerne l'avoine, la paille et le foin par lui fournis, doit consister à le dédommager uniquement de ses débours et frais sans qu'il puisse en retirer aucun profit ou bénéfice, c'est-à-dire à lui allouer le prix de revient;

Considérant qu'il appert des documents de la cause que le demandeur justifie que 114 quintaux 6 dixièmes d'avoine par lui livrés lui sont revenus à 24 francs rendus dans ses magasins;

Que c'est donc la somme de 2.750 fr. 40 qui doit lui être allouée de ce chef;

Considérant, d'autre part, qu'à défaut de justification sur le prix de revient du surplus de la fourniture d'avoine se montant à 67 quintaux 4225, et à défaut par l'autorité militaire d'établir également que le prix courant de l'avoine à l'époque des fournitures ne s'élevait qu'à 21 fr. 50 le quintal, il convient de prendre pour base le chiffre moyen de 22 fr. 75, ce qui, pour ce surplus, donne un chiffre de 1.533 fr. 86, qui, ajouté à celui de 2.750 fr. 40, porte la fourniture totale de cette marchandise à 4.284 fr. 25;

Sur la fourniture de paille :

Considérant qu'il ressort des documents de la cause que la somme de 7 francs pour 100 kilogrammes de paillé réclamée par Minoux ne constitue que son prix de revient et que c'est bien la somme de 214 fr. 34 qui doit lui être allouée de ce chef;

Sur la fourniture de foin :

Considérant que le demandeur justifie avoir payé aux cultivateurs des environs de Mirecourt une somme de 40 francs par 500 kilogrammes de foin pris chez eux;

Qu'en tenant compte du transport de ce fourrage et du droit d'octroi qui s'élève à 0 fr. 24 par 100 kilogrammes, c'est le chiffre de 8 fr. 75 qu'il y a lieu de prendre pour base en ce qui concerne la fourniture de foin;

Qu'il s'ensuit que la somme à accorder sur ce point doit être fixée à 637 fr. 61, alors que celle demandée s'élève à 655 fr. 83;

Sur les toiles :

Considérant que l'Administration militaire offrant la somme réclamée, aucune difficulté n'existe sur ce chef;

Sur la fourniture de farine :

Considérant que le chiffre de 42 francs réclamé par 100 kilogrammes n'est pas excessif et ne dépasse pas les prix pratiqués à l'époque de la fourniture;

Qu'il échet par conséquent de l'accepter comme base;

Sur la fourniture de son :

Considérant que le chiffre de 14 francs, réclamé par 100 kilogrammes de son fourni, a été accepté à l'audience;

Considérant qu'il résulte de ce qui précède que, du montant total de la réclamation d'Emile Minoux, il y a lieu de déduire la somme de 84 fr. 28 sur la fourniture d'avoine et celle de 18 fr. 22 sur celle du foin, de sorte que l'indemnité totale à lui accorder doit être fixée à 5.382 fr. 21;

Sur le point de savoir à partir de quelle date doivent courir les intérêts :

Considérant qu'il ressort des travaux préparatoires de la loi des 3-6 juillet 1877 que le législateur a entendu servir des intérêts aux requis pour les dédommager du retard apporté au paiement des réquisitions militaires, et que ces intérêts doivent commencer à courir du jour de la réquisition;

Que le paragraphe dernier de l'article 27 de ladite loi est d'autre part ainsi conçu : « En temps de guerre, le paiement peut être fait en bons du Trésor portant intérêt à cinq pour cent du jour de la livraison »;

Que la conclusion à en tirer est, par conséquent, qu'il est dû des intérêts au taux de 5 p. 100 du jour de chaque prestation requise;

Sur les dépens :

Considérant que l'offre faite étant insuffisante et la demande exagérée, c'est le cas de dire que chacune des parties supportera une part proportionnelle des dépens,

Par ces motifs :

Le tribunal, statuant en matière sommaire et en premier ressort,

Donne acte à l'Administration militaire de ce qu'elle offre à Emile Minoux la somme de 4.902 fr. 85; mais déclare cette offre insuffisante et non satisfactoire;

Fixe à 5.382 fr. 21 la somme due au demandeur en raison des fournitures plus haut indiquées.

TRIBUNAL CIVIL DE LANNION.

Audience du 7 septembre 1915.

Affaire : Ministre de la guerre contre Morvan.

Réquisitions militaires (loi du 3 juillet 1877, art. 2). — Détermination de l'indemnité. — Valeur représentative de la prestation. — Prix de revient. — Exclusion du bénéfice commercial.

Attendu que, au début du mois de mars 1915, dans le but de remédier à la hausse précipitée et factice des cours, M. le Ministre donna l'ordre de réquisitionner les stocks de blé du commerce;

Attendu que, à la date du 3 mars et en exécution de cet ordre, le demandeur Morvan fut requis de livrer à l'Administration militaire la quantité de 400 quintaux de froment, prestation qui fut effectuée en deux livraisons égales, aux dates respectives des 19 mars et 7 avril 1915;

Attendu que Morvan factura ces deux livraisons à 33 francs le quintal, soit à la somme totale de 13.200 francs;

Attendu que, sur la proposition de la commission d'évaluation, l'autorité militaire réduisit à 30 francs le prix du quintal et offrit, en conséquence, une indemnité de 12.000 francs au demandeur qui, aux termes de l'article 26 de la loi du 3 juillet 1877, refusa cette allocation;

Attendu que, le 15 juillet 1915, M. le juge de paix de Lannion tenta vainement de concilier les parties, bien que, devant ce magistrat et à titre transactionnel, M. le sous-intendant militaire, ès qualités, élevant à 31 francs le prix du quintal, ait offert à Morvan une indemnité de 12.400 francs;

Attendu que, dans cet état des faits, et par exploit du 7 août 1915, enregistré le même jour à Lannion, Morvan a assigné M. le sous-intendant militaire ès qualités, à comparaître devant le tribunal pour s'ouïr condamner à lui payer la somme de 13.200 francs, avec les intérêts à 5 p. 100, voir dire que ladite somme sera exigible six mois après la fourniture, soit moitié au 19 septembre et moitié au 7 octobre 1915, le tout par dépens;

Attendu que, sur ladite assignation, M. le sous-intendant militaire, défendeur, réitère son offre de payer au demandeur la somme de 12.400 francs, correspondant au prix de 31 francs le quintal, et conclut, pour le surplus, au débouté pur et simple de la demande;

Attendu, en résumé, que le litige porte sur le point de savoir : 1° si le prix du quintal doit être fixé à 33 francs, conformément aux prétentions du demandeur, ou seulement à 31 francs, conformément aux offres du défendeur ès qualités; et 2° si la somme due est ou non productive d'intérêts;

Sur le premier point :

Attendu qu'aux termes de l'article 2 de la loi du 3 juillet 1877, toutes les prestations requises, en cas de mobilisation partielle ou totale de l'armée, donnent droit à des indemnités représentatives de leur valeur;

Attendu que pour l'interprétation dudit article, il convient d'observer, s'agissant en l'espèce de denrées alimentaires, que si la loi a conféré au Ministre de la guerre le droit de réquisition, c'est en partie dans le but de le soustraire à la pratique, onéreuse pour le Trésor, des marchés amiables ou sur soumissions qui subissent naturellement la loi de la fluctuation des cours, à laquelle sont sujettes les denrées alimentaires, surtout dans des

circonstances exceptionnelles de nature, comme l'état de guerre,
à favoriser de regrettables spéculations;

Attendu par suite, qu'en matière de prestations de denrées et
pour sauvegarder les intérêts du Trésor, les commissions char-
gées par l'article 48 du décret du 2 août 1877 d'établir les tarifs
applicables aux prestations doivent s'en rapporter bien moins
aux cours, souvent fictifs et faussés par la spéculation, qu'à la
valeur intrinsèque desdites prestations (Dalloz, supplément V°
Réquisitions militaires n° 130); que l'indemnité, en un mot, a
pour objet, non pas de procurer aux prestataires un bénéfice
équivalent à celui que leur aurait procuré la vente commerciale
des denrées réquisitionnées, mais la rémunération équitable des
dépenses nécessitées par leur production et des peines et soins
qu'ont pu occasionner leur manutention ou leur transport;

Attendu, en l'espèce, que s'il n'est pas contestable qu'à l'épo
que des livraisons en litige, le cours commercial du froment
atteignit dans la région le prix de 33 francs environ le quintal,
il n'est pas contesté davantage qu'à la même époque, les cultivateurs de la même région ont livré, sur réquisition, leur froment au prix unique de 30 fr. 25 le quintal, prix très rémunérateur si l'on considère que, pendant de longues années avant la
guerre, la culture se déclarait satisfaite du prix de 25 à 26 francs
le quintal;

Attendu, par ailleurs, que le défendeur, ès qualités, affirme,
sans être contredit par son adversaire, que dans le département
des Côtes-du-Nord, tous les commerçants réquisitionnés ont
livré leur froment au prix de 31 francs le quintal, sauf un seul
qui, à titre exceptionnel, s'est vu allouer 31 fr. 25;

Attendu que tout fait présumer que Morvan n'a pas payé son
froment à un taux supérieur au tarif de 31 fr. 25; qu'il n'offre
pas d'en rapporter la preuve; qu'en lui allouant 31 francs, et en
fixant par suite à 0 fr. 75 par quintal la rémunération de ses
frais de manutention, M. le sous-intendant militaire en fait une
appréciation équitable;

Attendu, au surplus, qu'on ne saurait, sans conférer au demandeur un privilège injustifiable dans les circonstances actuel-
les, le traiter plus favorablement que ses confrères qui, tous,
ont accepté leur allocation au prix de 31 francs le quintal;

Sur le deuxième point :

Attendu que le décret du 16 décembre 1914 a supprimé, pour
les réquisitions postérieures à cette date, la faculté d'opter entre
le paiement à l'échéance de six mois avec intérêts à 5 p. 100, à

partir du jour de la livraison, et le paiement immédiat de la totalité du prix en numéraire, mais sans intérêts; que pour ses livraisons postérieures au 16 décembre 1914, Morvan était donc tenu d'accepter le paiement immédiat sans intérêts;

Attendu, il est vrai, que l'offre originaire de M. le sous-intendant étant insuffisante, Morvan s'est refusé à juste titre à un paiement immédiat, mais qu'une mise en demeure était nécessaire pour faire courir les intérêts moratoires et que, lorsque cette mise en demeure s'est produite sous la forme de la tentative de conciliation, l'Administration militaire a formulé une offre reconnue satisfactoire par le présent jugement, et qu'il ne tenait qu'à Morvan d'accepter; qu'il ne saurait donc prétendre à l'allocation d'intérêts moratoires;

Par ces motifs :

Après en avoir délibéré conformément à la loi, le tribunal, statuant en premier ressort,

Décerne acte à l'Administration militaire de ce qu'elle a offert au demandeur une indemnité de 12.400 francs, à raison de 31 francs le quintal;

Déclare lesdites offres satisfactoires, et dit que M. le sous-intendant militaire, ès qualités, sera valablement libéré envers Morvan par le paiement immédiat de ladite somme sans intérêts;

Déboute le demandeur de toutes autres fins et conclusions contraires, et le condamne aux dépens.

TRIBUNAL CIVIL DE SAINT-AMAND.

Audience du 8 septembre 1915.

Affaire : Ministre de la guerre contre Bidault.

Réquisitions militaires (loi du 3 juillet 1877, art. 2). — Détermination de l'indemnité. — Valeur représentative de la presta-
tion. — Prix de revient. — Exclusion du bénéfice commer-
cial.

Attendu que les parties n'ont pu se mettre d'accord tant au moment où ces prestations ont été faites, que devant le magistrat conciliateur; que Bidault, repoussant les offres qui lui ont été faites, réclame pour prix de ses fournitures, une somme de

99.904 fr. 20 basée sur ce que le blé devait lui être payé à raison de 33 francs, l'avoine 24 francs et l'orge 23 fr. 50 les 100 kilogrammes et a assigné l'Etat en paiement de cette somme;

Attendu que M. le Ministre de la guerre, agissant en tant que représentant l'Etat, fait offre à Bidault de la somme de 89.715 fr. 41 et demande qu'il lui soit donné acte de ses offres; qu'il soutient que certains blés livrés par Bidault sont de deuxième qualité et ne sauraient être évalués à plus de 29 francs les 100 kilogrammes, et que pour les autres fournitures le prix réclamé serait manifestement exagéré et devrait être ramené à 30 francs les 100 kilogrammes pour le blé, à 24 francs pour l'avoine et à 21 francs pour l'orge;

Qu'il prétend que c'était alors la série de prix fixée par l'autorité militaire pour les prestations de même nature, et que, pour l'apréciation de l'indemnité due, il n'y aurait pas lieu de tenir compte du bénéfice commercial du produit réquisitionné, mais de la valeur réelle;

Sur la qualité du blé livré :

Attendu que l'avis de la commission de ravitaillement ne peut avoir qu'une valeur consultative et ne saurait obliger le prestataire; que pour l'appréciation de la valeur de deuxième qualité, il n'existe plus d'éléments de comparaison, aucun échantillon n'ayant été prélevé; que dans ces conditions le tribunal ne peut ordonner de mesures d'instruction, et qu'à défaut de débat contradictoire sur la qualité de ce grain, il échet de le considérer comme étant de qualité ordinaire;

Sur le prix de ces diverses prestations :

Attendu qu'aux termes de l'article 2 de la loi du 3 juillet 1877, les prestations requises ne donnent droit qu'à une indemnité; que par cette expression il faut entendre la valeur intrinsèque de l'objet réquisitionné, avec une légère plus-value pour frais généraux, mais non la valeur de spéculation de cette marchandise;

Que l'on conçoit que, dans un intérêt supérieur et afin d'assurer la défense nationale, tout bénéfice commercial doive être écarté;

Attendu que c'est en tenant compte de ces considérations qu'il y a lieu de fixer les prix des prestations requises par l'autorité militaire, et qu'il échet d'accorder à Bidault le prix payé par lui des grains réquisitionnés, en l'augmentant d'une légère plus-value pour frais généraux;

Attendu qu'il résulte des renseignements fournis au tribunal que, d'après le cours commercial des céréales dans la région du Centre, en y comprenant cette légère plus-value, le prix moyen des blés doit être fixé à 31 fr. 50 le quintal, celui de l'orge à 23 fr. 50 et celui de l'avoine à 24 francs, chiffre offert par l'Etat;

Attendu que par suite les offres de l'Etat sont insuffisantes et qu'il échet, en lui en donnant acte, de les rejeter et de le condamner à payer à Bidault la somme de 94.947 fr. 90 fixée sur les bases ci-dessus arrêtées, en ce compris la somme de 100 francs pour les sacs réclamés;

Qu'il échet aussi de condamner l'Etat aux intérêts de ladite somme à 5 p. 100 à partir du jour de la livraison, et ce en conformité de la loi du 23 juillet 1877, article 27,

Par ces motifs :

Le Tribunal, statuant en matière sommaire civile, par jugement contradictoire en premier ressort, rendu en audience publique,

Donne acte à l'Etat de l'offre faite par lui de la somme de 89.715 fr. 41 pour prix des prestations fournies par Bidault; déclarant lesdites offres insuffisantes et non satisfactoires, les rejette;

Condamne l'Etat à payer à Bidault la somme de 94.947 fr. 90 pour les causes sus-énoncées, savoir : 89.775 francs pour fourniture de blé, 4.250 fr. 40 pour fourniture d'avoine, 822 fr. 50 pour fourniture d'orge et 100 francs pour sacs réclamés;

Dit que l'Etat devra l'intérêt de la somme ci-dessus au taux de 5 p. 100 à partir du jour de la livraison, s'il ne préfère se libérer en bons du Trésor, conformément à l'article 27 de la loi du 23 juillet 1877;

Le condamne en tous les dépens.

TRIBUNAL CIVIL DE NIORT.

Audience du 10 décembre 1915.

Affaire : Ministre de la guerre contre Couzin.

Réquisitions militaires (loi du 3 juillet 1877, art. 2). — Détermination de l'indemnité. — Valeur représentative de la prestation. — Prix de revient. — Exclusion du bénéfice commercial.

Attendu qu'à la date du 2 mars 1915, la quantité de 200 quintaux métriques d'avoine a été réquisitionnée dans les magasins de Couzin par le président de la commission de ravitaillement;

Que le demandeur a protesté, à la date du 7 août suivant, par une lettre au maire de la commune de Saint-Christophe-sur-Roc, et refusé la somme de 4.800 francs, qui lui était offerte par l'autorité militaire à raison de 24 fr. les 100 kilogrammes;

Attendu que Couzin prétend fixer à 27 francs les 100 kilogrammes la valeur de l'avoine par lui livrée;

Qu'à l'appui de cette prétention, il fait remarquer que les 200 quintaux métriques d'avoine réquisitionnés étaient vendus à un sieur Sicot au prix de 27 francs les 100 kilogrammes;

Qu'en outre, il produit l'extrait du registre des mercuriales tenu à la mairie de Niort, duquel il résulte qu'au 4 mars 1915, le quintal métrique d'avoine était coté 27 fr. 50;

Mais attendu qu'aucun marché n'est intervenu entre le représentant de l'Etat et le sieur Couzin;

Que si le tribunal peut prendre en considération le cours des avoines à l'époque où la réquisition a eu lieu, et la qualité des grains fournis, c'est seulement pour assurer au citoyen la rémunération de ce qu'il a fourni, afin que les charges sociales entraînées par la défense nationale soient également réparties sur tous (*sic* baron Reille, rapporteur de la loi à la Chambre des députés);

Qu'en aucun cas le prix d'un marché qui serait intervenu entre Couzin et un autre négociant vendant les mêmes denrées, ne peut s'imposer à la décision du tribunal qui n'a pas à allouer le prix commercial, mais une indemnité représentative de la valeur;

Attendu qu'il résulte des documents versés aux débats, que

la valeur des 100 kilogrammes d'avoine marchande, à la date de mai 1915, n'était pas inférieure à 25 francs;

Que l'indemnité due à Couzin est donc, pour les 200 quintaux métriques, de 5.000 francs;

Attendu qu'à défaut de sommation de payer, l'intérêt du montant de l'indemnité n'est dû qu'à dater de la demande en justice;

Que l'action saisie devant le juge de paix à la date du 7 août 1915 a ce caractère;

Qu'à dater de ce jour, Couzin, auquel aucune offre valable n'avait été faite, a droit à l'intérêt au taux légal du montant de l'indemnité (arrêt de Toulouse 30 juin 1915),

Par ces motifs :

Le Tribunal,

Dit insuffisante l'offre de 4.800 francs faite par l'autorité militaire pour paiement des 200 quintaux métriques d'avoine réquisitionnés dans les magasins de Couzin;

Condamne l'Etat à lui payer l'indemnité de 5.000 francs, avec intérêt au taux légal à dater du 7 août 1915 jusqu'au jour du paiement;

Dit n'y avoir lieu à allouer de plus ample indemnité, et déboute Couzin du surplus de sa demande;

Condamne l'Etat en tous les frais et dépens de l'instance.

TRIBUNAL CIVIL DE FOUGÈRES.

Audience du 1ᵉʳ février 1916.

Affaire : Ministre de la guerre contre Kuentz.

Réquisitions militaires (loi du 3 juillet 1877, art. 2). — Détermination de l'indemnité. — Valeur représentative de la prestation. — Prix de revient. — Exclusion du bénéfice commercial.

Attendu que par jugement rendu le 1ᵉʳ août 1915, M. le président du tribunal de Fougères a condamné l'Administration militaire à payer à la dame veuve Kuentz la somme de 357 fr. 13 pour fourniture de gaz faite sur réquisition, pendant les cinq premiers mois de l'année 1915, à l'hôpital complémentaire n° 11, à Fougères, établi dans le collège de cette ville;

Attendu que l'Administration militaire a régulièrement formé appel de ce jugement;

Attendu que la fourniture de gaz réquisitionné doit être faite conformément aux dispositions de l'article 2 de la loi du 3 juillet 1877, c'est-à-dire selon le prix de revient de la fourniture augmenté d'une part raisonnable des frais généraux;

Attendu que le tribunal n'est pas suffisamment éclairé pour fixer dès maintenant le prix du mètre cube de gaz; qu'il y a lieu à expertise,

Par ces motifs :

Reçoit l'Administration militaire appelante du jugement dont il s'agit, et avant autrement dire droit,

Nomme experts, faute aux parties d'en convenir dans les formes et délais légaux, MM. Blanc, maître de conférences de physique, avenue du Mail-d'Onges, 45, à Rennes; Rocherulle, inspecteur du contrôle de l'éclairage à Rennes; Daniel, ancien agent-voyer d'arrondissement, adjoint au maire de Rennes;

Lesquels, serment préalablement prêté, s'ils n'en sont dispensés par les parties, devant le président du tribunal de Rennes, auquel commission rogatoire est donnée à cet effet, détermineront en s'entourant de tous renseignements utiles, en compulsant tous livres de commerce, l'indemnité qui doit être accordée à l'usine Kuentz par mètre cube de gaz consommé, en tenant compte uniquement du prix de revient établi à l'aide de leurs recherches, sans omettre une part raisonnable des frais généraux, mais tout bénéfice commercial exclu;

Réserve les dépens.

TRIBUNAL CIVIL DE LIMOGES.

Audience du 10 mars 1916.

Affaire : Ministre de la guerre contre J.-B. Palisson.

Réquisitions militaires (loi du 3 juillet 1877, art. 2). — Détermination de l'indemnité. — Valeur représentative de la prestation. — Prix de revient. — Exclusion du bénéfice commercial.

Attendu que des travaux préparatoires de la loi du 3 juillet 1877 sur les réquisitions militaires, de ses termes et de l'ensemble de ses dispositions, se dégage ce qu'on doit entendre par indemnité représentative de la valeur;

Attendu que le droit de réquisition apparaît comme étant une sorte d'expropriation dans l'intérêt de la défense nationale, et non comme un marché de fournitures : l'Etat n'achète pas, il réquisitionne, et sa réquisition n'admet ni refus ni résistance; celui qui livre n'est pas un vendeur, mais un prestataire, ce qu'il reçoit en retour, ce n'est pas un prix, c'est une indemnité;

Attendu que s'agissant d'une contribution forcée, presque d'un impôt, et non d'un contrat de vente et d'achat, l'indemnité ne doit représenter que le préjudice immédiat et direct causé par la dépossession, sans perte ni bénéfice pour le prestataire;

Attendu que c'est remplir le vœu du législateur, qui s'est préoccupé de sauvegarder dans la mesure du possible les intérêts du Trésor public, que de baser l'indemnité sur la valeur qu'avait la chose au moment où elle est entrée dans le patrimoine du prestataire, c'est-à-dire sur le prix de revient augmenté, le cas échéant, d'une juste quote-part de frais généraux;

Attendu que, prendre pour base de prestations de denrées d'alimentation notamment le cours commercial au jour de la réquisition, ce serait exposer le Trésor public à payer des prix excessifs, faussés par la spéculation et le jeu même des réquisitions militaires;

Attendu, sans doute, que si le prestataire veut le remplacer, il peut être amené à payer un prix plus élevé et à réaliser par une revente un bénéfice moindre que celui sur lequel il comptait, mais que, dans les conditions exceptionnelles où elle se produit, la réquisition comporte pour le prestataire une part de sacrifices;

Attendu qu'il n'est pas douteux que le législateur se soit préoccupé du bouleversement que l'état de guerre et l'exercice du droit de réquisition devaient fatalement amener dans les conditions des marchés et que c'est pourquoi, reconnaissant l'impossibilité d'établir un tarif unique et uniforme et d'en revenir en quelque sorte à la loi du maximum, il a cherché la solution dans la constitution de commissions dont, il est vrai, les évaluations n'ont pas force obligatoire, mais auxquelles on peut se référer lorsqu'il n'est pas possible de fixer par d'autres moyens la valeur des prestations, dans des conditions équitables pour les deux intérêts en présence et compatibles avec les nécessités du moment;

Attendu dans l'espèce que, sur une réquisition du 20 novembre 1915, Palisson a fourni une prestation de 400 quintaux d'avoine;

Qu'à sa demande d'une indemnité sur la base de 31 fr. 55 les 100 kilogrammes, l'Intendance répond par une autre calculée à raison de 26 francs, suivant les tarifs des commissions d'évaluation;

Attendu que dans la circonstance, il est possible de connaître le prix de revient qui, pour les raisons plus haut déduites, doit faire la base de l'indemnité;

Attendu que Palisson justifie par factures, dont la sincérité n'est pas mise en doute, que les avoines qui ont fait l'objet de sa prestation ont été achetées en juillet, septembre et octobre 1915, aux prix de 26 francs, 30 francs, 27 fr. 50, 26 fr. 50, 26 francs les 100 kilogrammes, soit au prix moyen de 26 fr. 55, gare de départ;

Attendu qu'il faut ajouter à ce prix de 26 fr. 55, les frais faits pour l'arrivée de la marchandise dans les magasins de Palisson et sa mise en état en vue d'une livraison, ainsi que la part de frais généraux qui la grevait au jour de la prestation;

Attendu que, sur ce point, le tribunal n'est pas suffisamment éclairé,

Par ces motifs :

Nomme d'office **expert**, M. Lissac, comptable à Limoges, lequel prêtera serment devant le président du siège ou le magistrat le remplaçant, et aura pour mission de dégager, par examen des documents qui seront mis à sa disposition par Palisson, le chiffre qui représente, pour 100 kilogrammes, les frais faits pour l'arrivée dans ses magasins des avoines qui ont fait l'objet de sa prestation du 20 novembre 1915 et pour leur mise en état en vue d'une livraison, ainsi que la part des frais généraux dont elles étaient grevées normalement au jour de leur remise à l'autorité militaire;

De quoi il dressera et déposera rapport dans la quinzaine du jour où il sera saisi;

Dit qu'en cas d'empêchement, il sera pourvu à son remplacement sur simple requête;

Réserve les dépens.

TRIBUNAL CIVIL DE BESANÇON.

Audience du 7 avril 1916.

Affaire : Ministre de la guerre contre Kohler.

Réquisitions militaires (loi du 3 juillet 1877, art. 21). — Détermination de l'indemnité. — Exclusion du bénéfice commercial.

En la forme :

Reçoit l'appel contre lequel aucune fin de non-recevoir n'est proposée, et qui paraît régulier;

Au fond :

Vu la sentence entreprise, rendue par le juge de paix du canton sud de Besançon le 27 mai dernier;

Attendu qu'aux termes de la loi du 3 juillet 1877, toutes les prestations faites sur réquisitions militaires donnent droit à des indemnités représentatives de leur valeur;

Que la réquisition ne saurait donc constituer pour le prestataire une source de bénéfices; qu'elle doit être seulement, comme l'indique le sens exact du mot « indemnité », le dédommagement du préjudice subi par celui qui est tenu de déférer à la réquisition;

Attendu que la décision critiquée, en prenant pour fondement de son évaluation du prix de la viande de porc gras réquisitionnée sur l'intimé, les cours commerciaux pratiqués dans la région à l'époque de la prestation, n'a en vue que la valeur en échange de la chose réquisitionnée;

Qu'à tort elle a admis comme un des éléments de l'indemnité due, la partie du prix correspondant au bénéfice réalisé sur une vente commerciale de marchandises de même nature par les divers intermédiaires, au lieu de s'en tenir à la valeur exacte, c'est-à-dire au prix de revient de l'objet de la réquisition;

Attendu qu'à la vérité il n'est pas toujours aisé de déterminer avec sincérité et précision ce prix de revient; mais que, toutefois, les estimations approximatives auxquelles il peut donner lieu offrent infiniment plus de garanties d'exactitude que la simple application de mercuriales qui constatent les oscillations intéressées des cours de bourses de commerce, selon le succès de coalitions souvent inavouables;

Attendu que calculer le chiffre de l'indemnité due au prestataire sur le niveau des cours commerciaux serait favoriser les spéculations à la hausse qui sont criminelles et redoutables en temps de guerre, et procurer aux prestataires l'avantage facile d'un bénéfice illicite, au détriment du Trésor public, contrairement à l'intérêt de la défense nationale;

Attendu que l'éventualité de telles conséquences n'a pas échappé à la prévoyance du législateur; que l'intention de celui-ci est d'ailleurs suffisamment révélée par les précautions mêmes qu'il a prescrites pour l'exercice du droit de réquisition; qu'il a toujours considéré, en effet, la situation imposée aux prestataires comme une charge devant être équitablement répartie et subie selon les nécessités de l'armée et les ressources du pays, mais non comme une occasion désirable de profits certains et scandaleux;

Attendu que l'indemnité due aux prestataires n'ayant pour but que l'exacte réparation, dans la mesure du possible, du dommage que lui cause la satisfaction nécessaire des besoins du ravitaillement militaire, on doit, pour l'estimation de ce préjudice, ne tenir compte que de la valeur purement objective de la marchandise réquisitionnée, indépendamment de toute appréciation spécieuse et sans tenir compte du « manque à gagner »;

Or, attendu, en l'espèce, qu'il ressort de documents versés aux débats, notamment de l'état fourni par l'appelant, des achats à caisse ouverte et des procès-verbaux de conciliation dressés par les juges de paix de la région, qu'à l'époque où a été formulée la réquisition intéressant l'intimé (7 mars 1915) le prix du quintal de porc, dans les communes autres que les villes du département, était en moyenne de 125 francs; que ce prix, accepté par la grande majorité des prestataires en général, paraît correspondre tout particulièrement au prix de revient des porcs gras à Mamirolle où, grâce à l'école départementale de laiterie, le petit lait est en abondance à un prix avantageux;

Mais attendu qu'il est constant et non dénié que les porcs gras réquisitionnés sur Kohler étaient d'un poids inférieur à celui des animaux de cette espèce pouvant être réquisitionnés; qu'il est résulté de ce fait pour l'intimé un préjudice spécial dont il lui est dû réparation;

Attendu que le tribunal possède des éléments lui permettant d'apprécier le dommage supplémentaire qu'a souffert de ce chef l'intéressé; qu'il croit faire bonne justice en évaluant à 130 francs le quintal, l'indemnité due à l'intimé;

Attendu qu'en fixant cette indemnité à 150 francs le quintal, la sentence critiquée a fait une fausse application des principes

du droit et des circonstances de fait, et doit dès lors être ré-
formée;

Quant aux dépens :

Attendu que chacune des parties succombant sur certains
chefs de ses prétentions, c'est le cas de faire masse des dépens
tant d'instance que d'appel et de décider qu'ils seront par moitié
à la charge de chacune d'elles,

Par ces motifs :

Le Tribunal,

Dit qu'il a été mal jugé, bien appelé, et réformant la sentence
dont appel, fixe à 130 francs le quintal l'indemnité due par
l'appelant à l'intimé pour les porcs réquisitionnés sur ce dernier;

Décharge l'appelant des condamnations prononcées contre
lui par la décision entreprise; déclare insuffisantes et nulles les
offres de l'apelant;

Fait masse des dépens, tant de première instance que d'appel,
et dit que chacune des parties en supportera la moitié.

B

RÉQUISITIONS D'AUTOMOBILES.

COUR D'APPEL DE DIJON.

Audience du 20 décembre 1915.

[Affaire : Ministre de la guerre contre Régnier.

---

*Réquisitions militaires : Automobiles (loi du 22 juillet 1909,
art. 12 et 13; loi du 26 décembre 1914, art. 16 et 17). — Eva-
luation. — Prix budgétaire. — Commission de réquisition.
— Augmentation. — Réduction. — Recours. — Loi nouvelle.
— Non rétroactivité. — Office du juge.*

Considérant que la loi du 22 juillet 1909, relative à la réquisition des voitures automobiles, étendant à la détermination du
prix de ces voitures les règles spéciales introduites, pour la ré-

quisition des chevaux, dans la loi organique des réquisitions militaires, par la loi modificative du 27 mars 1906, dispose dans son article 12, que les prix des voitures automobiles requises sont déterminés à l'avance et fixés d'une manière absolue d'après leur catégorie et leur ancienneté de fabrication et réglemente, en conformité de cette déclaration, l'établissement de ces prix par des commissions mixtes de réquisitions, puis, dans son article 15, édicte que les décisions de ces commissions sont définitives et sans recours;

Considérant qu'aux termes de la réglementation spécifiée par l'article 12, la commission doit appliquer strictement, sans modification aucune, aux diverses catégories de voitures et à leurs divers organes ou éléments dont elle est appelée à constater, avec ses connaissances techniques, l'existence et la modalité, les chiffres insérés à cet effet dans le budget de l'année ou à défaut dans un arrêté ministériel, et doit ensuite opérer — suivant la série à laquelle la voiture appartient par son ancienneté de fabrication — la réduction fixée par un règlement d'administration publique; qu'en d'autres termes, la commission doit appliquer à chaque voiture requise un barème établi à l'avance, dont les résultats constituent le prix budgétaire de la voiture; que jusque-là le rôle impérativement tracé par la loi à la commission ne lui laisse aucun droit d'évaluation de la voiture, et que ce n'est qu'après la détermination du prix budgétaire que l'article 12 confère à la commission un pouvoir d'évaluation, d'ailleurs limité, en lui permettant de fixer exceptionnellement un prix supérieur au prix budgétaire sur les voitures qui, de l'avis unanime de ses membres, auront une valeur notablement supérieure, sans que cette majoration puisse excéder le quart du prix budgétaire; mais que ledit article de loi ne donne point à la commission le droit de réduire le prix budgétaire, même pour les voitures qui lui paraîtraient avoir une valeur notablement inférieure;

Considérant qu'aux prix ainsi définitivement fixés, avec majoration s'il en a été accordé, s'applique la disposition de l'article 15, qui interdit aux intéressés tout recours de justice contre les décisions des commissions de réquisition;

Considérant que l'expérience qui a été faite de ces dispositions légales, pendant les premiers mois de la mobilisation, a révélé que, pour un certain nombre de voitures automobiles réquisitionnées, le prix budgétaire payé était manifestement supérieur à la valeur réelle de ces voitures, et cet inconvénient déjà assez grave paraissant devoir s'aggraver encore à l'avenir par le fait que, les meilleures voitures ayant été réquisitionnées dès le début, il y a lieu de penser que les voitures restantes, que les nécessités de la guerre obligeraient à réquisitionner par la suite, seraient de moindre qualité et, pour la plupart, de valeur très inférieure au prix budgétaire dont elles devraient bénéficier sans réduction possible; qu'en cette prévision, et pour préserver de ce danger imminent les finances de l'Etat, la loi de finances du 26 décembre 1914 a donné aux commissions de réquisition un droit nouveau, celui de réduire le prix budgétaire jusqu'à concurrence d'un quart, et qu'elle a inséré, à cet effet, dans son article 16, qui remplace le dernier alinéa de l'article 12 de la loi de 1909, la disposition suivante : « La commission mixte de réquisition des automobiles devra fixer un prix supérieur ou inférieur au prix budgétaire pour les voitures qui, de l'avis unanime de ses membres, auraient une valeur notablement supérieure ou inférieure à ce prix. Toutefois la majoration ou la réduction ne dépassera pas le quart du prix budgétaire »; qu'ainsi, « le droit d'évaluation de la commission, qui n'existait que pour la majoration, est étendu à la réduction, et l'exercice de ce droit, dans un sens comme dans l'autre, devient pour la commission une obligation, dès lors que l'avis de ses membres est unanime »;

Considérant qu'après avoir conféré à la commission de réquisition le droit de réduire le prix budgétaire, le législateur a pensé qu'il était équitable de donner aux propriétaires des voitures la garantie du recours aux tribunaux contre l'exercice de ce droit par la commission et que, dans ce but, la loi de finances précitée, ouvrant aux procès la porte que la loi de 1909 avait prudemment fermée, a édicté dans son article 17, qui remplace le premier alinéa de l'article 15 de la loi de 1909, une disposition ainsi conçue : « Les commissions mixtes statuent définitivement sur les réclamations ou excuses qui peuvent être présentées par les propriétaires des voitures automobiles requises. Toutefois en ce qui concerne les évaluations faites par ces commissions, les propriétaires intéressés peuvent se pourvoir devant la juridiction civile, après que l'autorité militaire a définitivement ratifié la décision de la commission et en suivant la procédure prévue par l'article 26 de la loi du 3 juillet 1877 »;

Considérant que, bien que la faculté accordée aux propriétaires de recourir aux tribunaux ait été uniquement motivée par le droit nouveau conféré aux commissions de réduire le prix budgétaire, cependant les termes dans lesquels cette faculté est accordée sont plus larges que le motif qui l'a dictée, puisque ces termes appliquent cette faculté aux majorations comme aux réductions; mais que, par contre, ces mêmes termes indiquent que la faculté accordée constitue une dérogation au pouvoir des commissions de statuer définitivement sur les réclamations des propriétaires et indiquent aussi que cette dérogation ne s'applique qu'aux évaluations des commissions, c'est-à-dire aux évaluations telles qu'elles sont prévues et limitées par la loi; d'où il suit, d'une part, que les propriétaires intéressés peuvent s'adresser à la justice non seulement lorsque le prix budgétaire est réduit à leur préjudice, mais encore lorsqu'il est majoré, s'ils estiment cette majoration insuffisante; mais, d'autre part, que le droit d'appréciation des tribunaux appelés à contrôler les évaluations des commissions est nécessairement enfermé dans les limites mêmes que la loi qui a autorisé ces évaluations a, en même temps, posées pour elles, c'est-à-dire dans les limites du quart du prix budgétaire, tant pour les majorations que pour les réductions;

Considérant qu'en cet état actuel de la législation sur la matière, les premiers juges, appliquant à la cause les dispositions de l'article 17 de la loi du 26 décembre 1914, ont reçu l'action de Régnier et, au fond, qu'estimant, contrairement à ce qui vient d'être dit, que ce pouvoir leur conférait un pouvoir d'appréciation souverain et sans limites, ils ont accordé à Régnier, comme prix de son automobile requise par l'autorité militaire, une somme supérieure au prix budgétaire majoré d'un quart, ce en quoi ils auraient outrepassé le droit que donne à l'autorité judiciaire la loi sur laquelle ils ont basé leur décision, en admettant que cette loi fût applicable à la cause;

Mais considérant que la voiture de Régnier a été requise et livrée au mois de septembre 1914, c'est-à-dire à une époque où la loi du 26 décembre 1914 n'existait pas et où la loi de 1909 seule était en vigueur;

Or, considérant qu'en principe, les lois ne disposent que pour l'avenir et que, s'il est vrai que le législateur peut déroger à ce principe, encore faut-il qu'à cet égard sa volonté soit claire et non douteuse; que rien, dans les textes des articles 16 et 17 de la loi du 26 décembre 1914, ne révèle chez le législateur l'intention d'attacher un effet rétroactif aux dispositions de ces articles, et qu'il résulte, au contraire, de l'examen des travaux préparatoires résumés dans l'exposé ci-dessus, que l'intention du législateur de 1914 a été de ne disposer que pour l'avenir; qu'il y a lieu d'ajouter que le Ministre de la guerre, qui a été le principal promoteur, dans l'intérêt de l'État, de l'article 16, a expressément reconnu dans sa circulaire du 16 avril 1915, relative aux commissions régionales des réquisitions, que cette disposition n'était pas rétroactive;

Considérant, au surplus, que les droits d'un exproprié sont déterminés par la législation veillante à la date de l'expropriation, et qu'il importe peu que, comme dans l'espèce, le prix de la voiture de Régnier n'ait été définitivement fixé qu'à une époque postérieure à la promulgation de la loi du 26 décembre 1914; qu'il ne pouvait être fixé et n'a d'ailleurs été fixé que conformément à la loi de 1909, la seule loi existant à l'époque de la réquisition, c'est-à-dire par application de l'article 12 du règlement d'administration publique du 7 octobre 1910; que, de même que Régnier ne pouvait craindre une réduction que l'article 12 n'autorisait point, de même il n'avait pas le droit de se pourvoir devant la juridiction civile contre une décision que l'article 15 déclarait sans recours;

Considérant que les prescriptions impératives des articles 12 et 15 anciens de la loi de 1909 ont un caractère d'ordre public et que, dès lors, il appartenait aux premiers juges, comme il appartient à la cour, de déclarer, même d'office, l'action non recevable,

Par ces motifs :

Infirme le jugement entrepris, rendu par le tribunal civil de Dijon le 6 juillet 1915, et par décision nouvelle, émendant, déclare Régnier non recevable en sa demande, et le condamne en tous les dépens de première instance et d'appel, etc...

COUR D'APPEL D'ANGERS.

Audience du 29 février 1916.

Affaire : Ministre de la guerre contre de Chasteignier.

Réquisition d'automobile. — Prétendues irrégularités de la réquisition. — Compétence de la juridiction civile. — Caractère obligatoire du barème.

Attendu qu'en exécution des instructions du Ministre de la guerre transmises le 13 août 1914, par voie télégraphique, à raison de l'urgence de la mesure prescrite, et sur l'ordre de l'offi-

cier d'état-major président de la commission de réquisition en
date du lendemain 14 août; cette commission, compétente et régulièrement composée, a procédé ledit jour, au Mans, au cours
de la mobilisation générale, à la réquisition pour les besoins
de l'armée de 12 voitures automobiles, parmi lesquelles celle
appartenant à M. de Chasteignier, domicilié commune de
Rouillon et portée dans le tableau, au procès-verbal des opérations signé des trois membres de la commission mais non daté,
sous la désignation de « voiture de tourisme Amédée Bollée »,
avec, comme marques caractéristiques : lettre T., n° 410, puissance 16 H.P., 4 cylindres et comme nature de carrosserie « limou-
sine »; qu'un ordre de service signé du même officier était, dès
le 15 août, adressé à l'intéressé, lui faisant connaître la réquisition de la veille, le montant de l'évaluation : 12.750 francs, et
l'invitant à conduire la voiture réquisitionnée au lieu de ras-
semblement, l'accusé de réception portant au surplus la date du
lendemain 14 août 1914; qu'ensuite d'une réclamation infruc-
tueuse à l'autorité militaire tendant à une majoration du prix
égale à la valeur par lui attribuée à la voiture, de Chasteignier,
excipant de l'illégalité des opérations, a actionné le Ministre
de la guerre aux mêmes fins, devant le tribunal civil du Mans,
lequel, par jugement du 31 juillet 1915, dont appel, s'est déclaré
d'office incompétent pour connaître de ces prétendues illégalités;

Attendu que les faits invoqués par le demandeur dans ses
conclusions initiales, à titre d'illégalités, et comme ayant favo-
risé ce qu'il appelle un simulacre de réquisition, sont considé-
rés par la même partie, dans les conclusions prises devant la
cour, comme de simples irrégularités de nature sans doute à
justifier, ainsi qu'il est prétendu, l'application à la cause des
dispositions générales de la loi du 3 juillet 1877, à l'exclusion
de celles de la loi du 22 juillet 1909, mais non l'incompétence
des juridictions de droit commun;

Attendu que les griefs formulés à ce sujet se rattachent aux
observations suivantes : 1° la réquisition a été faite non au domi-
cile du propriétaire, mais en son absence et à son insu, dans
un atelier de carrosserie où la voiture se trouvait non encore
livrée, et par le président seul, hors la présence et sans le con-
cours des autres membres de la commission; 2° la voiture n'était
pas, en tant que voiture automobile, soumise à réquisition en ce
que, non encore livrée, elle n'avait pas été reçue par le service
des mines, seul compétent pour apprécier la puissance en chevaux des moteurs; 3° il n'a été procédé ni au classement ni au
tirage au sort de la voiture; 4° le propriétaire n'a pu, en raison

de son absence, fournir à l'autorité militaire une autre voiture
que celle réquisitionnée; 5° il a été fait application du barème
sur une puissance de 16 HP, alors qu'en fait la voiture avait
une puissance supérieure;

Attendu que la matérialité des faits ci-dessus, le dernier
excepté, n'est pas contestée, en précisant toutefois que le rôle de
l'officier président de la commission, agissant seul, s'est borné
à signer l'ordre de réquisition, mais que, la voiture conduite
au lieu de réunion de la commission par un préposé des ateliers
de carrosserie où elle se trouvait, les opérations de réquisition
proprement dite se sont succédé par les soins et sous le contrôle de la commission régulièrement composée, ainsi qu'il
appert du procès-verbal revêtu des trois signatures nécessaires,
et dont le défaut de date ne suffit pas à infirmer les énonciations, alors que, rapprochée de celles des autres pièces, ordre
de service et récépissé se référant à la même réquisition, cette
date ne laisse place à aucun doute;

Sur la compétence :

Attendu que le principe de la réquisition militaire, pleinement
justifié par l'intérêt supérieur du pays et tel que la loi du
3 juillet 1877, après codification générale de la matière, l'a orga-
nisé, d'une manière particulière dans les dispositions du titre
VIII relatives aux chevaux, mulets et voitures nécessaires à la
mobilisation, a trouvé dans la loi du 22 juillet 1909 son com-
plément nécessaire spécialisé au sujet des voitures automobiles;
qu'il suit de là que les prescriptions de cette dernière loi, com-
plétées à leur tour ou modifiées par des dispositions ultérieures,
gouvernent la matière dans tous les points prévus et réglemen-
tés, mais, en même temps, s'inspirent des conditions générales
de la réquisition suivant le régime établi par le droit antérieur
dont elles procèdent immédiatement;

Or, attendu que l'article 17 de la loi du 26 décembre 1914,
substitué au premier alinéa de l'article 15 de la loi du 22 juillet
1909, attribue compétence à la juridiction civile pour connaître des contestations relatives aux évaluations faites par les
commissions mixtes en matière de réquisition des voitures automobiles, et qu'en fait la demande dont il s'agit a pour objet
unique une majoration de la valeur unique accordée par cette
commission à la voiture requise, les irrégularités alléguées dans
les opérations de réquisition apparaissant ainsi non dans le but
d'aboutir à la nullité de la réquisition, mais seulement comme
moyens de justifier l'inapplicabilité au cas litigieux des dispositions de la loi de 1909;

Attendu, dès lors, que rien ne s'opposait à la compétence du juge saisi, d'une part, conformément à la règle suivant laquelle l'appréciation de la légalité et de la régularité des actes administratifs invoqués dans les litiges dont le jugement est conféré à l'autorité judiciaire appartient à cette autorité, alors surtout que, dans l'espèce, la nullité des actes restait étrangère aux débats; et, d'autre part, en ce qui concerne le grief spécial d'erreur sur le fait administratif d'évaluation de la puissance de la voiture requise, en force de considération que l'allégation produite ne se réclamant d'aucune justification et, par suite, la contestation à cet égard ne paraissant pas sérieuse, le juge civil n'avait pas, en vertu d'une jurisprudence constante, à surseoir à statuer jusqu'à décision de l'autorité administrative sur le fait prétendu;

Au fond :

Attendu que les irrégularités dont l'appelant se prévaut ne sauraient avoir les conséquences qu'il prétend en tirer; qu'en effet, en les tenant pour admises, aucun texte de loi ne permet d'y attacher, à titre de sanction, à défaut de la nullité de l'ordre de réquisition, qui n'est pas demandée, le pouvoir de modifier le caractère de cette réquisition, reconnue valable, au point de justifier l'inapplicabilité des dispositions spéciales à la matière;

Attendu d'ailleurs que, soumis à l'exacte appréciation des faits, les griefs se réduisent à peu près à néant; que, tout d'abord, l'autorité militaire — à laquelle appartient en principe le droit de réquisition et qu'elle peut en cas de mobilisation et d'urgence exercer soit directement sur l'habitant, soit en tous lieux où se trouvent les objets, même aux mains des tiers, le propriétaire présent ou absent — peut aussi dans les mêmes circonstances déléguer, ainsi qu'il a été fait, à l'officier président de la commission mixte, alors du moins que les actes accomplis en vertu de cette délégation se sont bornés en réalité à un ordre de transfèrement de l'objet requis, — la réquisition proprement dite étant l'œuvre de la commission dûment constituée, et celle-ci ayant même, à défaut de recensement préalable de la voiture requise (opération d'une portée simplement indicative et par suite inhabile à vicier la réquisition) procédé, à raison de l'urgence, d'une manière régulière, — le classement, opération également prévue, se trouvant en ce cas compris dans la réquisition elle-même; qu'en outre, pour légitimer l'exercice de ce droit en ce qui concerne la voiture automobile, il faut, mais il suffit, que soient établis, en même temps que l'existence effective et matérielle d'un objet de cette nature, son utilisation nécessaire aux besoins de l'armée, ce qui est reconnu dans le cas actuel, toutes autres considérations étrangères au service militaire et s'inspirant de considérations d'ordre différent ne présentant pour l'agent de réquisition qu'un intérêt nul ou d'importance secondaire;

Que, de son côté, la formalité du tirage au sort, destinée à sauvegarder des intérêts privés, est si peu substantielle au regard des besoins de la défense nationale assurés par la réquisition, que la loi en subordonne les effets à la condition que le contingent réquisitionnable restera inférieur au nombre des voitures présentées; ce qui n'a pas été le cas, ainsi qu'il résulte du rapprochement du télégramme ministériel du 13 août et du tableau de réquisition du lendemain, les deux pièces portant sur un nombre égal de voitures; qu'il en est encore de la sorte du droit réservé au propriétaire de substituer à la voiture requise une autre voiture de même catégorie, car le droit correspondant, accordé par la loi à la commission, de statuer souverainement au sujet du remplacement, équivaut à la faculté de ne pas agréer la substitution, refus qui s'imposait, la circonstance étant donnée que nombre et puissance des voitures requises, dont plusieurs, comme celle de de Chasteignier, de 16 chevaux seulement, répondaient à peine, bien qu'en parfait état, aux prescriptions ministérielles réclamant 12 voitures de grande puissance;

Que, sous un autre rapport, la voiture dont s'agit, classée dans la première catégorie par classement et décompte réguliers des éléments prévus par le jeu normal du barème impératif, a obtenu le prix maximum fixé en conformité des dispositions de la loi du 22 juillet 1909, c'est-à-dire le prix budgétaire pour les voitures de semblable catégorie augmenté de la majoration complète; la preuve du tout résultant du procès-verbal de réquisition, et que le caractère budgétaire de la somme globale ainsi régulièrement formée exclut toutes investigations de justice relatives à des prétentions contraires;

Que vainement, enfin, l'appelant tente de faire état soit d'une proposition écrite du Ministre de la guerre qu'il dit avoir reçue en juillet 1915, mais non acceptée et tendant à substituer un marché amiable à la réquisition de la voiture, soit d'une circulaire du même Ministre, en date du 31 août 1914, invitant l'autorité militaire à recourir de préférence, dans la mesure du possible, à des marchés de gré à gré pour les voitures automobiles dont la marque commerciale ne correspond pas manifestement au prix obtenu en appliquant le barème précité, catégorie à laquelle appartiendrait la voiture de de Chasteignier; que, sans avoir à rechercher à quelles préoccupations étrangères au litige l'une et l'autre de ces pièces ont pu obéir, il suffit, pour en écarter la portée comme inopérante aux débats, d'observer pour la première, d'ailleurs non représentée, que, de l'aveu même de l'intéressé, elle n'aurait pas été spéciale à son cas, et, pour la circulaire du 31 août, d'ailleurs modifiée par des instructions postérieures justifiées par les circonstances, que, sans rien interdire, elle se borne à orienter les commissions vers un mode d'achat jugé préférable;

Attendu que, dans ces conditions, les critiques dirigées contre les opérations de réquisition du 14 août 1914, au Mans, apparaissent insuffisantes pour en détruire la régularité;

Attendu, quant aux frais exposés, que la compétence du tribunal n'ayant été contestée par aucune des parties en cause, l'insuccès de la demande au fond laisse ces entiers frais à la charge de la partie qui, à tort, a introduit cette demande,

Par ces motifs et non ceux des premiers juges :

Donnant acte à la partie de Mᵉ Cordier des déclarations formulées dans ses conclusions,

Dit que le tribunal du Mans était compétent pour connaître de l'action portée devant lui;

En conséquence, réformant, se déclare à son tour compétente, et statuant par voie d'évocation tant sur l'appel principal qu'au besoin sur l'appel incident,

Déclare de Chasteignier mal fondé en sa demande, l'en déboute;

Déclare au contraire suffisantes et satisfactoires les offres du Ministre de la guerre, les valide;

Condamne de Chasteignier aux dépens.

TRIBUNAL CIVIL DE LA SEINE (1re CHAMBRE).

Audience du 30 mars 1916.

Affaire : Ministre de la guerre contre André Lebon.

Loi du 22 juillet 1909 et du 26 décembre 1914. — Majoration. — Exclusion de la valeur commerciale. — Caractère obligatoire du barème.

Attendu que André Lebon avait commandé, au mois de mai 1914, une voiture automobile de 18 chevaux (type 18 chevaux Turcat-Méry), qui fut livrée le 13 juillet de la même année; moyennant le prix de 13.950 francs; qu'après deux courses qui n'avaient pas dépassé 300 kilomètres, la voiture, à la suite de la mobilisation, fut remisée dans le garage particulier de son propriétaire jusqu'au 11 avril 1915, date où elle fut réquisitionnée par la commission de réquisition du gouvernement militaire de Paris qui en fixa le prix à la somme de 9.500 francs;

Attendu que André Lebon, ayant estimé cette somme insuffisante, après une vaine tentative de conciliation devant le juge de paix du 6e arrondissement de Paris, a actionné le Ministre de la guerre représentant l'Etat français, à l'effet de voir fixer à 13.675 francs l'indemnité lui revenant à la suite de la réquisition de son automobile;

Attendu que le Ministre de la guerre résiste à la demande; que toutefois, par ses conclusions du 16 février 1916, il a accepté d'augmenter de 600 francs le montant de l'indemnité et a offert la somme de 10.100 francs;

Attendu en droit que la loi du 22 juillet 1909, modifiée par la loi du 26 décembre 1914, relative à la réquisition des voitures automobiles, dispose que les prix de ces voitures sont déterminés à l'avance et fixés d'une manière absolue d'après leur catégorie et leur ancienneté de fabrication, et qu'elle décide que les prix seront, en conformité de cette déclaration, établis par des commissions mixtes de réquisition;

Attendu qu'aux termes de cette réglementation, la commission applique strictement aux différentes catégories de voitures et à leur divers éléments, les chiffres qui sont insérés dans le budget de l'année ou dans un arrêté ministériel et que les résultats ainsi obtenus par ce barème établi à l'avance constituent le prix budgétaire de la voiture; que sous l'empire de la loi du 22 juillet 1909, la commission n'avait pas le pouvoir de fixer un prix supérieur au prix budgétaire, et aucun recours n'était ouvert contre sa décision; mais que la loi du 26 décembre 1914 a décidé que la commission mixte devrait fixer un prix supérieur ou inférieur au prix budgétaire pour les voitures qui, de l'avis unanime de ses membres, auraient une valeur notablement supérieure ou inférieure à ce prix, à la condition-toutefois que la majoration ou la réduction ne dépasse pas le quart du prix budgétaire, et que la nouvelle loi décidait, en même temps, qu'en ce qui concerne les évaluations faites par les commissions, les propriétaires intéressés pourraient se pourvoir devant la juridiction civile;

Attendu, en fait, que, pour réclamer la somme de 13.675 francs, le demandeur établit un décompte basé sur l'arrêté ministériel du 18 juillet 1913 applicable aux voitures ayant moins de deux ans de fabrication; qu'il fixe ainsi le prix budgétaire de sa voiture à 10.940 francs et qu'il augmente ce prix d'une majoration de 25 p. 100, autorisée comme majoration maxima par la loi du 26 décembre 1914;

Attendu que le Ministre de la guerre ne conteste le décompte que sur deux points secondaires; qu'il reconnaît l'existence de quatre cylindres à 500 francs, de 18 chevaux à 300 francs, de 4 chambres à air de 50 francs, de deux pneus simples à 150 francs et de deux antidérapants à 180 francs; mais que sur la carrosserie, il ne compte que 2.000 francs, plus trois places à 100 francs, alors que le demandeur compte 6 places, et qu'il refuse d'allouer 80 francs pour les lanternes; que le décompte est ainsi diminué de 380 francs et ramené à 10.560 francs;

Attendu que le décompte du Ministre de la guerre doit être accepté; qu'en effet, la voiture du demandeur n'a jamais été déclarée et considérée que comme une voiture à quatre places et l'on ne peut pas dire que des strapontins constituent des places;

Que, d'autre part, la loi de 1909 ayant laissé au Ministre de la guerre tout pouvoir pour fixer le barème, le Ministre, dans son arrêté ministériel du 18 juillet 1913, a décidé que la carrosserie serait comptée pour 2.000 francs et chaque place pour 100 francs; qu'interprétant lui-même son arrêté, il a toujours décidé que la somme de 2.000 francs allouée pour la carrosserie comprenait la place du conducteur et qu'il ne fallait allouer la somme de 100 francs que pour chaque place en sus de celle du conducteur; que cette interprétation doit être admise;

Attendu, en ce qui concerne les lanternes, qu'étant indispensables à la voiture aux termes mêmes des prescriptions de police, elles ne doivent point être comptées en supplément; qu'ainsi le prix budgétaire de la voiture doit être fixé à 10.560 francs;

Attendu que le point principal du litige est de déterminer si ce prix budgétaire doit subir une majoration ou une réduction; que le demandeur réclame, en effet, une majoration de 25 p. 100 tandis que le Ministre de la guerre en offrant par ses dernières conclusions la somme de 10.100 francs ne prétend plus imposer qu'une diminution de 460 francs, équivalant à une réduction de 4 et demi p. 100 sur le prix budgétaire;

Attendu que le tribunal est mal placé pour trancher le litige, ne pouvant examiner ni faire examiner par expert la voiture qui est, depuis longtemps, partie pour une destination inconnue; que, d'autre part, la commission n'a dressé aucun rapport constatant l'état exact de la voiture au moment où elle fut réquisitionnée et sur lequel le jugement pourrait s'appuyer; qu'il faut cependant considérer que la commission mixte qui a appliqué la réduction était composée d'un officier et de deux ingénieurs civils, dont l'un représentait le service des Mines et dont l'autre avait été désigné par le préfet de la Seine; que l'appréciation donnée par ces trois hommes si particulièrement compétents doit être prise en très sérieuse considération, d'autant plus qu'aux termes des dispositions de la loi du 26 décembre 1914, il a fallu, pour que la réduction fût appliquée, que l'avis des membres de la commission fût unanime; qu'en présence d'une décision ainsi rendue par des hommes compétents, le tribunal, quoique la nouvelle loi ait ouvert devant lui un recours sans limite, ne peut user de son pouvoir qu'avec une extrême réserve et ne doit réformer les décisions de la commission que lorsqu'elles apparaissent comme manifestement erronées; que tel n'est point le cas dans l'espèce; qu'une réduction de 4 et demi p. 100, alors qu'il s'agit d'une voiture rentrant dans la catégorie de celles qui ont moins de deux ans de fabrication, s'explique et se justifie par ce fait que la voiture, après avoir parcouru plusieurs centaines de kilomètres, était restée remisée pendant plus de huit mois dans un garage particulier où, en l'absence du chauffeur appelé par la mobilisation, elle n'avait reçu aucun soin d'entretien; qu'il semble établi qu'une voiture automobile, lorsqu'elle a fait plusieurs sorties, perd de sa valeur si elle reste ensuite assez longtemps sans rouler;

Attendu que le demandeur soutient, au contraire, que le prix doit être majoré de 25 p. 100; qu'il en donne comme motifs que sa voiture était à l'état de neuf, et que, l'ayant payée 13.950 francs il ne peut pas, au bout de quelques mois, subir une perte de près de 4.000 francs;

Mais attendu que le tribunal n'a pas, en cette matière, à fixer l'indemnité d'après la valeur réelle de la voiture; que le prix des voitures automobiles réquisitionnées est, en effet, fixé d'une manière absolue par la loi du 22 juillet 1909, d'après leur catégorie et leur ancienneté de fabrication; que la commission, après avoir constaté la catégorie de la voiture et ses divers organes ou éléments, ne peut appliquer que strictement et sans modification les chiffres insérés dans le budget ou, à son défaut, dans un arrêté ministériel; que la valeur de la voiture n'entre en ligne de compte que lorsqu'il s'agit de décider si le prix budgétaire subira une réduction ou une majoration;

Attendu que la commission a régulièrement procédé, conformément à ces principes; qu'on a vu plus haut le motif qui expliquait une réduction; qu'on n'aperçoit, au contraire, aucun motif qui pourrait justifier une majoration; que l'état presque neuf de la voiture a permis de la faire rentrer dans la catégorie de celles qui avaient moins de deux ans de fabrication, mais qu'une fois classée dans cette catégorie avantagée, elle ne présentait aucune particularité ni dans son mode de construction, ni dans sa provenance, qui puisse justifier une majoration, laquelle, ainsi que le fait remarquer le Ministre de la guerre, doit être, en principe, réservée aux très fortes voitures qui sont tout particulièrement mal traitées par les tarifs qui leur sont applicables,

Par ces motifs :

Dit et juge que le demandeur n'a pas droit à une indemnité représentative de la valeur de son automobile, mais à une indemnité calculée sur les bases fixées par la loi du 22 juillet 1909;

Donne acte à M. le Ministre de la guerre de ce que, par ses conclusions du 16 février 1916, il a fait offre au demandeur de la somme de 600 francs, en sus de celle de 9.500 francs primitivement allouée, ainsi que des frais taxés par lui exposés à ce jour;

Dit et juge que la réduction faite par la commission sur le prix budgétaire de la voiture est justifiée;

Déclare suffisante l'offre de 10.100 francs;

Déclare Lebon mal fondé dans sa demande, et le condamne en tous les dépens exposés postérieurement au 16 février 1916.

C

RÉQUISITIONS DE CHEVAUX.

TRIBUNAL CIVIL DE CHALONS-SUR-MARNE.

Audience du 1ᵉʳ mai 1915.

Affaire : Ministre de la guerre contre Colsenet, Marcoup, Bellet.

Réquisition de chevaux. — Droit de majoration réservé à la commission mixte.

Sur le premier point :

Attendu que le sous-intendant militaire Delmas, du 17ᵉ corps d'armée, a procédé, le 24 septembre 1914, à Courtisols, à une réquisition de chevaux au cours de laquelle un cheval a été pris à chacun des trois intimés; qu'il était assisté dans cette opération du lieutenant Menne, du 17ᵉ escadron du train, et du vétérinaire auxiliaire Durasse, du dépôt de remonte mobile, enfin du maire de Courtisols, représentant ses administrés.

Attendu qu'on ne saurait soutenir que la réquisition dont s'agit a été effectuée par une commission de réquisition; qu'en effet, la commission de réquisition normale, constituée d'après les règles et composée à la fois de membres civils et militaires désignés par avance, n'a pas opéré en l'espèce et que même aucun de ses membres n'était présent; qu'il s'agit donc bien d'une réquisition individuelle faite par un fonctionnaire de l'armée dûment autorisé;

Attendu que si, en dehors de toute personnalité civile (puisque le maire de Courtisols ne figurait que comme substitué à ses administrés), le sous-intendant Delmas était assisté en l'occurrence d'un officier du train des équipages et d'un vétérinaire militaire, ces deux derniers n'agissaient auprès de lui qu'à titre consultatif, pour lui donner des indications d'ordre technique, et, par exemple, formuler leur avis sur l'âge et la catégorie d'animaux présentés et n'ayant encore fait l'objet d'aucun classement, ou encore sur des animaux dont la catégorie aurait pu changer depuis le dernier recensement;

Sur le second point :

Attendu que la loi du 3 juillet 1877 et le décret du 2 août même année, tous deux modifiés postérieurement, déterminent les formes suivant lesquelles doivent procéder les commissions mixtes de réquisition et les pouvoirs qui leur sont conférés;

Attendu que ledit décret autorise, en cas de mobilisation totale, les généraux d'armée à déléguer le droit de requérir aux fonctionnaires de l'Intendance;

Attendu que, d'autre part, la loi du 27 mars 1906, modificative de la loi de 1877, permet aux commissions mixtes de majorer du quart le prix budgétaire annuellement établi des chevaux réquisitionnés, mais à la condition que cette majoration soit adoptée par l'unanimité des membres de la commission et par le vétérinaire qui l'assiste;

Attendu qu'en ce qui concerne la réquisition individuelle, l'officier qui agit ne possède pas les pouvoirs dévolus à la commission mixte, notamment ceux de majoration du prix, qui ne peuvent être exercés que par la commission mixte à l'unanimité de ses membres et sur l'avis conforme du vétérinaire qui lui est adjoint; que l'officier opérant individuellement n'a point à fixer de prix et doit se borner à indiquer la classe et la catégorie du cheval réquisitionné à chaque propriétaire, le prix étant fixé postérieurement par le service chargé du règlement des réquisitions;

Attendu qu'en l'espèce, et sous réserves de circonstances qui n'apparaissent pas et n'ont pas été indiquées au tribunal, le sous-intendant, contrairement aux pouvoirs limités dont il disposait, a cru devoir fixer un prix d'estimation pour chacun des chevaux réquisitionnés; que cette erreur, reconnue par l'Etat à la barre et commise par un fonctionnaire spécialement désigné pour les réquisitions, est particulièrement regrettable, en ce qu'elle a abusé les intimés sur leurs droits; que Colsenet, Marcoup et Bellet étaient d'autant plus fondés à soutenir leurs prétentions que, dans quatre cas similaires de la commune de Courtisols, le service de l'Intendance avait sanctionné des prix fixés et majorés par le même sous-intendant;

Attendu qu'il est également permis de regretter que, sous une forme ou sous une autre, les réquisitions individuelles ne bénéficient pas, au point de vue de la fixation des prix, des mêmes prérogatives que celles effectuées par les commissions mixtes, et placent les propriétaires de chevaux dans des conditions d'inégalité et d'infériorité notoires;

Attendu néanmoins que ces considérations, si intéressantes soient-elles, ne sauraient préjudicier à l'application de la loi; que le service de l'Intendance, en se référant au barème du 18 avril 1913, applicable en la matière et suivant lequel il offre à chacun des intimés une somme de 450 francs, s'est conformé aux textes en vigueur;

Attendu que dans ces conditions il échet de réformer le jugement du juge de paix de Marson du 28 décembre 1914,

Par ces motifs :

En la forme,

Reçoit l'Etat appelant du jugement du juge de paix de Marson du 28 décembre 1914;

Au fond,

Dit qu'il a été mal jugé, bien appelé,

Et réformant la décision du premier juge :

Donne acte à l'Etat de ce qu'il offre de verser à chacun des intimés la somme de 450 francs pour prix d'un cheval réquisitionné, et, en tant que de besoin, le condamne au paiement desdites sommes;

Déboute les parties de tous leurs moyens, fins et conclusions;

Ordonne, s'il y a lieu, la restitution de l'amende consignée;

Condamne Colsenet, Marcoup et Bellet en tous les dépens de première instance et d'appel.

TRIBUNAL CIVIL DE REMIREMONT.

Audience du 18 novembre 1915.

Affaire : Ministre de la guerre contre Paul Georges.

Réquisition de chevaux. — Commission mixte régulière. — Majoration exclue pour les tribunaux.

Attendu que, sur un ordre de réquisition du 31 juillet 1914, l'autorité militaire, représentée par M. Lapicque, officier d'approvisionnement d'un régiment d'infanterie, a réquisitionné chez M. Paul Georges, négociant au Tholy, un cheval gris pommelé désigné sous le nom de Fritz, classé en 1914 dans la 6ª catégorie, suivant déclaration du propriétaire, âgé de 18 ans;

Attendu que M. le juge de paix de Remiremont, faisant droit

à la demande de M. Paul Georges, a, par jugement en date du 3 juillet 1915, condamné l'autorité militaire à payer au demandeur une somme de 1.200 francs comme représentant la valeur du cheval requis, mais que l'autorité militaire a interjeté appel de ce jugement;

Attendu que le sieur Georges se base, pour réclamer le prix de 1.200 francs, sur l'estimation du cheval requis, qui aurait été faite par l'officier d'approvisionnement Lapicque, au moment de la réquisition, estimation acceptée par lui et qui s'imposerait dès lors pour le règlement de l'indemnité;

Attendu que l'autorité militaire soutient justement qu'en matière de réquisition de chevaux, l'indemnité représentative prescrite par l'article 2 de la loi du 3 juillet 1877 est exceptionnellement déterminée, d'un manière absolue, par un tarif réglementaire complétant la loi du budget et s'imposant aux juges comme aux parties;

Qu'en effet, par son article 49, la loi du 27 mars 1906, modifiant la disposition de la loi du 3 juillet 1877 relative aux réquisitions militaires, dispose que « les prix des animaux requis sont déterminés à l'avance et fixés d'une manière absolue d'après leur catégorie et leur âge », et qu'il est établi par la loi même, dans chaque catégorie, trois séries dont la troisième comprend les animaux de 13 ans et au-dessus;

Attendu que le tarif réglementaire et légal du 18 avril 1913, maintenu en 1914 et 1915, a fixé à 450 francs, l'indemnité due au propriétaire dépossédé par réquisition, pour un cheval de la 6e catégorie, âgé de plus de 13 ans;

Attendu que l'article 49 de la loi du 27 mars 1906 prévoit que la commission de réquisition pourra fixer exceptionnellement un prix supérieur au prix budgétaire pour les animaux qui, de l'avis unanime de ses membres et du vétérinaire qui l'assiste, auraient une valeur notablement supérieure à ce prix; mais que ce droit de majoration, qui appartient à la seule commission de réquisition, n'a été accordé aux tribunaux par aucune disposition légale;

Attendu que l'article 14 de la loi du 2 août 1877 ne saurait recevoir en l'espèce d'application, en présence des dispositions formelles de la loi du 27 mars 1906, la loi du 2 août 1877 prévoyant d'ailleurs les réquisitions temporaires à titre de location;

Attendu qu'il ne saurait appartenir au tribunal, à défaut de texte l'y autorisant, d'accorder au sieur Georges, ainsi qu'il le demande, les intérêts à 5 p. 100 de l'indemnité à partir du 31 juillet 1914, date de la livraison du cheval; mais qu'il y a lieu de donner acte à l'autorité militaire de ce qu'elle offre de verser à Georges les intérêts à 5 p. 100 sur la moitié de l'indemnité accordée pendant six mois,

Par ces motifs :

Faisant droit à l'appel de l'autorité militaire,

Infirme le jugement de M. le juge de paix de Remiremont en date du 3 juillet 1915;

Donne acte à l'autorité militaire de ce qu'elle offre à Paul Georges, à titre d'indemnité pour son cheval requis, la somme de 450 francs; déclare cette offre légale et conforme au barème applicable, sous réserve de la majoration qui pourra être équitablement allouée par la commission de réquisition ou l'autorité compétente;

Donne acte également à l'autorité militaire de ce qu'elle offre de verser à Georges les intérêts au taux de 5 p. 100 sur la moitié de l'indemnité ci-dessus accordée pendant six mois;

Ordonne la restitution de l'amende consignée par l'appelant;

Condamne le sieur Georges en tous les dépens.

TRIBUNAL CIVIL DE SAINT-POL.

Audience du 2 décembre 1915.

Affaire : **Ministre de la guerre contre Ferdinand Capy.**

---

*Réquisition de chevaux. — Commission mixte régulière. —
Exclusion du droit de majoration pour les tribunaux.*

En la forme :

Attendu que, par sentence du 2 juin 1915, le juge de paix du canton d'Avesnes-le-Comte a condamné l'Etat français, représenté par le sous-intendant Fauchille, à payer à Capy Ferdinand la somme de 975 francs, à titre d'indemnité pour réquisitions militaires;

Attendu que l'Etat interjette appel de cette décision dont Capy, de son côté, fait appel incident;

Que ces appels, tant principal qu'incident, sont réguliers;

Au fond :

Attendu qu'en vertu d'une réquisition en date du 23 décembre, Capy a fourni à l'autorité militaire, un cheval et ses harnais pour lesquels il a réclamé une indemnité totale de 1.050 francs, dont 1.000 francs applicables au cheval et 50 francs aux harnais;

Attendu que cette évaluation a été ramenée à 894 francs par la commission d'évaluation, et que cette évaluation a été acceptée par l'autorité militaire, qui a fait offrir cette somme à Capy;

Attendu que ce dernier, ayant refusé cette offre, a soumis sa réclamation au juge de paix d'Avesnes-le-Comte; que, par sa sentence du 2 juin 1915, ce magistrat a condamné l'Etat à payer à Capy la somme de 975 francs;

Attendu que l'Etat soutient que le premier juge, sans motiver sa sentence, a alloué à Capy sur le prix du tarif légal une majoration réservée uniquement à l'appréciation des commissions mixtes des réquisitions, et demande que l'offre de 894 francs qu'il a faite soit déclarée valable et suffisante;

Attendu que Capy, prétendant, de son côté, que la sentence du juge de paix lui fait grief, demande que l'Etat soit condamné à lui payer une indemnité de 1.050 francs; qu'il soutient qu'il a été victime d'une erreur de classement et qu'il serait en droit, si l'on pouvait revenir sur cette erreur, de demander pour son cheval une indemnité de 1.125 francs; qu'il ne peut le faire par application des articles 49 et 51 *bis* de la loi du 3 juillet 1877; mais qu'il réclame l'exécution stricte de la décision de la commission de réquisition qui a fonctionné régulièrement le 23 décembre 1914;

Attendu qu'en réponse, l'Etat soutient que la commission n'a pas fonctionné régulièrement; que l'officier requérant n'avait pas qualité pour fixer le prix; que le prix alloué pour le cheval de Capy est celui des tarifs budgétaires, et que les tarifs budgétaires sont obligatoires pour les tribunaux;

Que Capy demande enfin à établir par témoins la preuve que la commission a fonctionné régulièrement, et, pour le cas où cette preuve ne serait pas rapportée, ce qui, d'après lui, donnerait lieu en sa faveur à l'application de l'article 2 de la loi du 3 juillet 1877, à prouver que son cheval avait une valeur minima de 1.125 francs; que l'Etat s'oppose à cette enquête, prétendant qu'il résulte suffisamment du reçu donné par l'officier requérant que la commission n'a pas fonctionné régulièrement;

Attendu que les parties sont d'accord en ce qui concerne les harnais, qu'ils fixent à 50 francs;

Attendu qu'aux termes des lois du 3 juillet 1877 et du

27 mars 1906, les prix des animaux requis sont déterminés à l'avance et fixés d'une manière absolue d'après leur catégorie et leur âge; que les commissions mixtes statuent définitivement, et qu'aucun recours n'est ouvert contre leurs décisions; qu'aucun des propriétaires ne pourrait s'adresser aux tribunaux pour obtenir la majoration du quart du prix budgétaire, que seule la commission mixte peut attribuer;

Que Capy ne saurait donc réclamer, dans le cas où la commission mixte aurait fonctionné régulièrement, que le prix par elle déterminé; mais qu'il ne pourrait en être de même dans le cas où cette commission n'aurait pas été constituée ou n'aurait pas fonctionné régulièrement; qu'alors le propriétaire a la faculté de s'adresser aux tribunaux pour établir par tous moyens de droit la valeur de l'animal requis, et ce conformément à l'article 2 de la loi du 3 juillet 1877; qu'il appartient alors aux tribunaux, de fixer le prix dudit animal d'après les éléments recueillis, notamment d'après le classement dont il a été l'objet et d'allouer la majoration du quart s'ils le jugent utile;

Attendu que dans l'espèce soumise au tribunal, il n'est pas établi que la commission mixte ait fonctionné régulièrement; que Capy offre d'en rapporter la preuve; qu'il peut être autorisé à le faire, et que l'Etat ne saurait s'y opposer en prétendant que le reçu fourni par l'officier requérant prouve suffisamment qu'une commission n'a pas fonctionné et que le requérant agissait comme officier isolé; que d'ailleurs l'ordre de réquisition portait qu'une commission devait fonctionner le jour même, ce qui fait présumer qu'en fait cette commission a été réellement constituée;

Attendu qu'il résulte des documents de la cause que le cheval de Capy était âgé de 9 ans et appartenait à la 6ᵉ catégorie; que son prix, d'après les tarifs, serait supérieur à celui demandé par le propriétaire; qu'il est inutile de rechercher si la commission mixte a fonctionné ou non, puisque, s'il était prouvé qu'elle a fonctionné, le prix du cheval resterait fixé à 1.000 francs, somme inférieure à la valeur du cheval;

Que dans ces conditions le prix de 1.000 francs réclamé par Capy doit lui être alloué,

Par ces motifs :

Reçoit, M. le Ministre de la guerre, représentant l'Etat, en la personne de M. Fauchille, sous-intendant militaire d'Arras, en son appel; et M. Capy, en son appel incident;

Dit qu'il a été mal jugé, bien appelé;

Infirmant :

Donne acte aux parties de leur accord en ce qui concerne les harnais;

Dit qu'il n'y a pas lieu à enquête;

Condamne l'Etat à payer à Capy la somme de 1.050 francs, soit 1.000 francs pour le cheval, 50 francs pour les harnais, avec les intérêts judiciaires à compter du 2 juin 1915;

Dit en outre que Capy aura droit, aux termes de l'article 27 de la loi du 3 juillet 1877 et de l'article 1er du décret du 16 décembre 1914, aux intérêts à 5 p. 100 sur la moitié de la somme allouée, et ce pendant six mois à partir de la réquisition;

Condamne l'Etat français en tous les dépens, tant de première instance que d'appel, dont distraction, en ce qui concerne les dépens, au profit de Me Colzy, avoué, qui a affirmé les avoir avancés.

TRIBUNAL CIVIL DE SAINT-POL.

Audience du 2 décembre 1915.

Affaire : Ministre de la guerre contre Glachon, cultivateur à Grand-Bullecourt.

Réquisition de chevaux. — Commission mixte régulière. — Exclusion du droit de majoration pour les tribunaux.

En la forme :

Attendu que, par sentence du 2 juin 1915, le juge de paix du canton d'Avesnes-le-Comte a condamné l'Etat français, représenté par le sous-intendant Fauchille, à payer à Glachon la somme de 1.150 francs en paiement d'un cheval réquisitionné chez lui le 15 octobre 1914;

Attendu que l'Etat interjette appel de cette décision, dont Glachon, de son côté, fait appel incident;

Que ces appels, tant principal qu'incident, sont réguliers;

Au fond :

Attendu que le cheval litigieux a été réquisitionné le 15 octobre 1914 par un officier de spahis qui lui a donné 10 ans et qui l'a estimé 1.200 francs;

Attendu que cette somme fut ramenée à 840 francs par la commission d'évaluation, et que cette évaluation a été arrêtée à 450 francs par l'autorité militaire qui a fait offre de cette somme à Glachon;

Attendu que Glachon, ayant refusé cette somme, a porté sa réclamation devant le juge de paix; que, par sa sentence précitée, ce magistrat a condamné l'Etat à payer à Glachon la somme de 1.150 francs;

Attendu que l'Etat soutient que le premier juge, sans motiver sa sentence, a alloué à Glachon, sur le prix du tarif légal, une majoration réservée uniquement à l'appréciation des commissions de réquisitions, et demande que l'offre de 450 francs qu'il a faite soit déclarée valable et suffisante;

Que, d'un autre côté, Glachon, prétendant que la sentence du juge de paix lui fait grief, demande que l'Etat soit condamné à lui payer une indemnité de 1.215 francs;

Qu'il soutient que le cheval litigieux a été réquisitionné irrégulièrement; que sa valeur est bien supérieure à celle qui lui a été attribuée, et offre subsidiairement de rapporter la preuve de ses prétentions;

Attendu qu'en réponse l'Etat prétend que le chiffre de 450 francs alloué à Glachon est celui du tarif budgétaire, qui est obligatoire pour les tribunaux; qu'en tout cas, Glachon ne saurait porter à 1.215 francs la demande que le maire de Grand-Bullecourt a formulée en son nom, dans l'état n° 721, comme s'élevant à 1.200 francs;

Attendu que, sur ce dernier point, Glachon ne peut subir un préjudice d'un fait qui ne lui est pas personnel;

Attendu qu'en matière de réquisition de chevaux, les commissions mixtes de mobilisation, lorsqu'elles sont régulièrement constituées, statuent définitivement, et qu'aucun recours n'est ouvert contre leurs décisions; qu'elles seules, dans ce cas, peuvent allouer la majoration du quart du prix budgétaire;

Qu'au contraire, lorsque ces commissions n'ont pas fonctionné ou ont fonctionné irrégulièrement, les tribunaux doivent rechercher par tous les moyens de droit, l'âge du cheval et la catégorie dans laquelle il doit être classé; qu'en possession de ces deux éléments, ils doivent faire application du tarif budgétaire et allouer la majoration du quart s'il y a lieu; que, dans le cas où ces éléments ne leur seraient pas fournis, ils peuvent fixer le prix au moyen de tous renseignements utiles;

Mais attendu que le tribunal trouve dès à présent, tant dans le reçu du prix d'achat du cheval par Glachon que dans les renseignèments portés dans le reçu de réquisition, les éléments suffisauts, faute de classement, pour fixer, sans recourir à une expertise, le prix dû à Glachon, à 1.215 francs;

Par ces motifs :

En la forme,

Reçoit M. le Ministre de la guerre, représentant l'Etat, en la personne de M. Fauchille, sous-intendant militaire d'Arras, en son appel, et M. Glachon, en son appel incident;

Au fond :

Dit qu'il a été mal jugé bien appelé;

Fixe à 1.215 francs le prix du cheval livré;

Condamne l'Etat, représenté par M. Fauchille, ès qualités, à payer à Glachon ladite sômme de 1.215 francs pour les causes susdites, avec les intérèts judiciaires à compter du 2 juin 1915;

Dit, en outre, que Glachon aura droit, aux termes de l'article 27 de la loi du 3 juillet 1877 et de l'article 1er de la loi du 16 décembre 1914, aux intérêts à 5 p. 100 sur la moitié de la somme allouée, et ce pendant six mois à partir de la réquisition;

Condamne l'Etat français en tous les dépens, tant de première instance que d'appel, dont distraction, en ce qui concerne les dépens d'appel, au profit de Me Colzy, avoué, qui a affirmé les avoir avancés.

D

POINT DE DÉPART DES INTÉRETS.

COUR D'APPEL DE TOULOUSE.

Audience du 30 juin 1915.

Affaire : Ministre de la guerre contre Claude Blanc.

Indemnité de réquisition. — Point de départ des intérêts. — Mise en demeure. — Droit commun.

Attendu que le Ministre de la guerre a réquisitionné, du 25 novembre au 7 décembre 1914, 5.148 kilogrammes de lentilles et pareille quantité de pois secs appartenant au sieur Blanc;

Qu'au cours de la procédure de conciliation prescrite, pour
le règlement des indemnités, par la loi du 3 juillet 1877, le Ministre de la guerre offrait, pour le paiement des lentilles ainsi
que des pois, 50 francs par 100 kilogrammes; que Blanc ré-
clamait 82 francs par 100 kilogrammes de lentilles et 62 francs
par 100 kilogrammes de pois;

Que le premier juge, après avoir déclaré insuffisantes les
offres du Ministre de la guerre, l'a condamné à payer à Blanc la
somme de 7.516 fr. 12, augmentée des intérêts légitimes depuis
le jour de la réquisition, et l'a condamné en outre aux entiers
dépens;

Que le Ministre de la guerre a régulièrement interjeté appel
de cette décision; mais qu'il n'en demande la réformation que
sur le chef qui accorde à Blanc l'intérêt des indemnités allouées
depuis le jour de la réquisition, et sur celui qui statue sur les
dépens;

Primo :

Attendu qu'aucune disposition légale ne permet au juge d'allouer l'intérêt à compter du jour de la réquisition;

Que la réquisition constitue bien une expropriation de denrées ou d'autres objets mobiliers pour cause d'utilité publique,
mais que son effet essentiel, c'est-à-dire la prise de possession
par l'État de la chose réquisitionnée, n'est point subordonnée au
paiement préalable d'une juste indemnité;

Que la loi du 3 juillet 1877, qui régit les réquisitions militaires, déclare exigibles dès la réquisition tous objets ou servi-
ces dont la fourniture est nécessitée par l'intérêt militaire. « et
qu'il était nécessaire qu'il en fût ainsi, puisque la réquisition
a pour but de suppléer à l'insuffisance des moyens ordinaires
d'approvisionnement de l'armée » et qu'elle répond à des besoins
urgents;

Que l'article 2 de la loi énoncée stipule que les prestations
autres que le logement des troupes donnent droit à des indemnités représentatives de leur valeur;

Que la loi, pour le paiement de ces indemnités, prévoit le cas
où un accord sera intervenu entre l'Administration de la guerre
et les personnes contre lesquelles la réquisition est exercée, et
le cas où cet accord n'aura pas été possible;

Que l'autorité militaire, après avis d'une commission spéciale,
offre une indemnité à chacun des intéressés; que ceux-ci doivent, dans un délai de quinze jours, faire connaître s'ils accep-
tent ou refusent cette allocation, et que leur silence équivaut à

une acceptation; qu'au cas d'acceptation, les indemnités sont mandatées et que le mandat « est payé comptant »; que cependant, en temps de guerre, le paiement peut être fait en bons du Trésor portant intérêt à 5 p. 100 du jour de la livraison;

Qu'en précisant qu'un intérêt sera dû à compter de la livraison, si le paiement est opéré en bons du Trésor, la loi exclut manifestement cet intérêt dans l'autre cas; que le législateur a pensé que le paiement de l'indemnité suivait de trop près la dépossession pour que la personne dépossédée pût être considérée comme lésée si elle ne recevait pas l'intérêt de la somme qui lui est allouée;

Attendu que si la proposition du Ministre de la guerre n'est pas acceptée, le refus doit être motivé et indiquer la somme réclamée; que le maire avise le juge de paix du canton qui réunit le représentant de l'autorité militaire et le réclamant et essaie de les concilier; que si le désaccord persiste, la contestation doit être jugée par le tribunal compétent dans le plus bref délai;

Que la loi du 3 juillet 1877 est muette sur la question de savoir si, dans ce dernier cas, l'Etat devra l'intérêt de l'indemnité mise à sa charge; qu'il faut en conclure que le législateur a voulu qu'il fût fait application des règles ordinaires de notre droit; que l'article 1153 du Code civil, qui constitue en cette matière le droit commun, déclare que l'intérêt d'une somme d'argent due, s'il n'y a pas eu convention contraire, ne doit être alloué que du jour « de la sommation de payer »;

Que vainement le Ministre de la guerre soutient que ce texte n'est pas applicable parce qu'il n'y a pas eu procès, et que la loi du 3 juillet 1877 a voulu un simple arbitrage; que les termes de la loi protestent contre cette thèse; que l'article 26 dit expressément « qu'au cas de non-conciliation, le juge de paix peut prononcer immédiatement ou ajourner les parties pour être jugées dans le plus bref délai »; qu'il statue en dernier ressort jusqu'à une valeur de 200 francs inclusivement, et en premier ressort jusqu'à 1.500 francs inclusivement; qu'au-dessus de ce chiffre, l'affaire sera portée devant le tribunal de première instance; que, dans tous les cas, le jugement sera rendu comme en matière sommaire;

Que si la loi prescrit une procédure rapide et sommaire, elle organise une véritable instance qui se termine, comme toutes les autres, par une décision judiciaire; que le Ministre de la guerre semble le reconnaître en usant du droit d'appel que lui confère non la loi de 1877, mais le droit commun en matière de litige; que, même s'il fallait concevoir en cette matière la fonction du juge comme un arbitrage, la solution ne serait pas modifiée, l'arbitrage n'excluant point l'allocation d'intérêts régulièrement demandés;

Attendu que l'Etat doit l'intérêt des indemnités allouées définitivement par le premier juge à compter du jour où il fut mis en demeure par son adversaire, mais que cette mise en demeure ne résulte pas de l'envoi par Blanc de sa facture; que cette facture énonçait simplement les prétentions de Blanc et ne constituait pas une sommation dé payer; que l'indemnité due n'était pas encore déterminée, et que par suite le Ministre de la guerre ne devait pas se considérer en demeure de payer;

Que l'essai de conciliation tenté par le juge de paix ne doit pas davantage être tenu pour une mise en demeure, parce qu'il n'a pas été provoqué par un exploit ou une initiative de Blanc; que cet essai de conciliation, tenté d'office par le juge de paix, après que le maire lui eût notifié que l'indemnité offerte par l'autorité militaire n'était pas acceptée, ne peut être assimilé à la citation en conciliation prescrite par l'article 48 du Code de procédure civile;

Attendu que la mise en demeure ne résulte, dans la cause, que de l'assignation du 17 février 1915, par laquelle Blanc a fait citer le Ministre de la guerre à comparaître devant le tribunal civil de Toulouse pour s'entendre condamner au paiement de la valeur des lentilles et pois réquisitionnés;

Que si, à ce moment, l'Etat eût fait des offres suffisantes, l'adversaire qui aurait eu le tort de les refuser, non seulement n'aurait eu droit à aucun intérêt, mais aurait dû supporter les dépens de l'instance; que les offres par lui faites ayant été définitivement jugées insuffisantes, il doit être considéré comme en faute et astreint à payer l'intérêt des indemnités judiciairement allouées à compter du jour de la demande; qu'il soutiendrait vainement que sa dette n'était pas déterminée; qu'il avait comme tout plaideur le devoir de se renseigner exactement et de faire des offres suffisantes, et qu'il est inutile de rechercher si cet intérêt que la doctrine qualifie de moratoire pourrait être, en outre, appelé compensatoire;

Secundo :

Attendu, quant aux dépens, que, les deux parties succombant mais dans des proportions inégales, il y a lieu de les répartir équitablement;

Par ces motifs, émendant :

Donne acte aux parties de ce que les indemnités allouées à Blanc ne sont plus contestées;

Dit que l'intérêt au taux de 5 p. 100 de la somme de 7.516 fr. 12 est dû par le Ministre de la guerre à Blanc, à partir du 17 février 1915;

Condamné, en tant que de besoin, le Ministre de la guerre au paiement de ces intérêts;

Fait masse des dépens de première instance et d'appel, et dit qu'ils seront supportés à concurrence d'un tiers par Blanc et pour le surplus par le Ministre de la guerre.

Paris et Limoges. — Imprimerie militaire CHARLES-LAVAUZELLE.

www.ingramcontent.com/pod-product-compliance
Ingram Content Group UK Ltd.
Pitfield, Milton Keynes, MK11 3LW, UK
UKHW022128170726
13837UKWH00003B/1424